DELIUS KLASING

111 LEGENDEN
DER BUNDESLIGA

Thomas Lötz . Reinaldo Coddou H.

DELIUS KLASING VERLAG

Vorsprung durch

Technik

Wolfgang Overath
Michael Ballack
Felix Magath
Franck Ribéry
Stefan Effenberg
Jürgen Grabowski
Andreas Möller
Diego
Thomas Häßler
Andreas Herzog
Mehmet Scholl
Arjen Robben
Mario Götze
Mesut Özil

1.

MÖNCHENGLADBAC
10

Wolfgang Overath

In seiner Karriere hat der Weltmeister Wolfgang Overath nicht viel falsch gemacht. Das änderte sich freilich, als er das Präsidentenamt beim 1. FC Köln übernahm.

Geboren: 29. September 1943, Siegburg
In der Liga: 409 Spiele (84 Tore) für den 1. FC Köln (1963–1977), Präsident 1. FC Köln (2004–2011)

Als er am 14. Juni 2004 die große Mehrheit der anwesenden Mitglieder erhielt, war Wolfgang Overath da angekommen, wo er früher nie sein wollte. Er wurde ehrenamtlicher Präsident des 1. FC Köln. Jenes Klubs, mit dem er 1963 die Premierensaison der Fußball-Bundesliga bestritt, auf Anhieb den Meistertitel holte, dessen herausragender Spieler er anderthalb Jahrzehnte lang war und den er 1977 im Streit mit Trainer Hennes Weisweiler verlassen musste. Weil nur für einen Star Platz war, schaffte der autokratische Weisweiler sich den 33-jährigen egozentrischen Kapitän vom Halse, indem er ihn durch den jüngeren Heinz Flohe ersetzte.

Die Karriere eines der genialsten Zehner und Linksfüßer der Liga endete im ersten der beiden Pokalfinals von 1977. Zu Beginn der Verlängerung, es stand im Hannoveraner Niedersachsenstadion 1:1 zwischen Köln und Hertha BSC, wechselte Weisweiler Herbert Neumann für Overath ein. Im fälligen Wiederholungsspiel zwei Tage später – eine Entscheidung des Endspiels durch Elfmeterschießen war damals noch nicht vorgesehen – wirkte Overath schon nicht mehr mit; sein Verein gewann die Trophäe durch einen Treffer von Dieter Müller. Overath erklärte seinen Rücktritt und verpasste folglich auch den Gewinn des Doubles durch den FC in der Folgesaison.

Konflikt mit Trainer Weisweiler beendet 1977 eine außergewöhnliche Karriere.

Zum Abschiedsspiel mit den Weltmeisterkollegen von 1974 kamen 70000 Zuschauer ins Müngersdorfer Stadion, Overath erhielt eine Million Mark. Kurz danach wollte ihn der US-Erstligist Chicago Sting verpflichten. »Die haben mir für einen Vierjahresvertrag so viel geboten, wie ich in Köln in 15 Jahren zusammen nicht verdient habe«, sagt Overath. »Meine Frau wollte hierbleiben, meinte aber, ich könne rübergehen. Da war für mich klar: Wenn ich vier Jahre dahin gehe, kann ich die Familie abschreiben.«

Fortan äußerte sich der ehemalige Superstar bevorzugt kritisch über seinen Klub, aber erst 1991 übernahm er wieder eine offizielle Funktion beim FC. Bis 1998 saß Overath im Verwaltungsrat, nach dem ersten Abstieg des Vereins aus der Bundesliga stellte er diesen Posten zur Verfügung. 2004 dann putschte er mithilfe des Verwaltungsrates und der Presse den Präsidenten Albert Caspers aus dem Amt. Mit dem von Overath verpflichteten niederländischen Trainer Huub Stevens gelang unmittelbar der Wiederaufstieg in das Oberhaus. Daraufhin dekretierte der Präsident mutig die Rückkehr in die Ligaspitze binnen vier Jahren. Zwei Jahre später ging es erst einmal wieder hinab in die Zweite Liga.

Dass der FC jemals als Fahrstuhlmannschaft bezeichnet werden könnte, war zu Zeiten des Spielers Overath ungefähr so wahrscheinlich wie vor ein paar Jahren noch der Zusammenbruch der Finanzwelt. In den 1960er- und 1970er-Jahren spielte Köln häufig um die Meisterschaft mit, erreichte als eine gesetzte Größe mindestens die UEFA-Cup-Ränge, und in der ewigen Tabelle der Liga führte der Klub lange Zeit – noch vor den Bayern. Das war und ist die Welt, in der Wolfgang Overath beheimatet ist. Und als Mitgliederkreise versuchten, ihn ab 2010 aus dem Präsidentenamt zu drängen, da zog er es im November 2011 vor, selbst den Hut zu nehmen. Einer wie Wolfgang Overath lässt sich eben nicht gern vor die Tür setzen.

Einst Spielmacher und heute Präsident, aber immer glühender Anhänger und größter Kritiker: Wolfgang Overath im Trikot seines FC.

adidas
FCK
Crunchips

Geboren: 26. September 1976, Görlitz
In der Liga: 267 Spiele (77 Tore) für 1. FC Kaiserslautern (1997–1999), Bayer Leverkusen (1999–2002), Bayern München (2002–2006) und Bayer Leverkusen (2010–2012)

Michael Ballack

Der Mann mit der Rückennummer 13 ist der große Unvollendete geblieben. Als einem der besten Mittelfeldspieler Europas blieb Michael Ballack der Gewinn eines großen internationalen Titels vorenthalten.

Die Erfolgsgeschichte von Michael Ballack beginnt mit einer schweren Verletzung. Der 15-jährige Fußballer des Chemnitzer FC erleidet einen Knorpelschaden im rechten Knie. Das Urteil der Ärzte: Schluss mit Fußball. Doch Ballack widersetzt sich. Langsam und in einem zähen Rehabilitationsprozess kämpft er sich wieder heran. Er sei fast verrückt geworden, sagt Ballack über die Zeit damals. Andere sagen, diese Zeit habe Michael Ballack zu dem gemacht, was er später wurde: einer der größten Fußballstars dieses Landes.

1995 wechselt Ballack in die erste Mannschaft des CFC, die in der Zweiten Liga spielt, dann in die Regionalliga absteigt. Zwei Jahre kickt Ballack dort noch, dann ruft der 1. FC Kaiserslautern an, der gerade wieder in die Erste Liga zurückgekehrt ist. Trainer Otto Rehhagel baut Ballack in einer für den FCK furios laufenden Saison behutsam auf – am Ende hat Ballack 16 Einsätze und die »Roten Teufel« als erster Aufsteiger den deutschen Meistertitel gewonnen. Ballacks Talent weckt Begehrlichkeiten. 1999 wechselt der Nationalspieler zu Bayer Leverkusen.

Im Rheinland reift Ballack zur bestimmenden Figur, Leverkusen spielt unter den Trainern Daum und Toppmöller überragenden Fußball, einen Titel gewinnt Ballack mit Leverkusen aber nicht – im Gegenteil: Mai 2000, letzter Spieltag der Saison. Beim Münchener Vorortverein Unterhaching reicht seiner Mannschaft ein Punkt, um die Meisterschaft vor Bayern München zu gewinnen. Ballack aber trifft ins eigene Tor und Bayer verliert die Meisterschaft. Calmund, Daum, Ballack: Sie alle weinen auf dem Rasen im Stadion des Klubs mit dem Skibob im Vereinswappen.

Was andere zerstört hätte, kriegt Michael Ballack nicht klein. Zwei Jahre später stehen Leverkusen und sein 25-jähriger Star noch besser da. Im Titelrennen um die Deutsche Meisterschaft, im DFB-Pokal-Finale und im Finale der Champions League. Doch sie gewinnen keinen einzigen der drei Titel. Einen Monat später erreicht Deutschland bei der WM durch einen Treffer Ballacks das Finale, in dem er wegen einer Gelben Karte zusehen muss, wie Oliver Kahn den Ball des Brasilianers Ronaldo nicht festhalten kann. Wieder nur Zweiter. Es ist Zeit für einen Wechsel.

Mit Bayern München gewinnt Ballack in vier Jahren dreimal das Double – Pokal und Meisterschaft. Als die Bayern 2004 eine titelfreie Saison hinlegen, macht man dafür Ballack wesentlich mitverantwortlich. Der hat ein Angebot vom FC Barcelona, darf aber nicht weg. Erst nach der WM im eigenen Land zieht es Ballack 2006 zum FC Chelsea. Unter Trainer José Mourinho hat er Startschwierigkeiten, 2007 gewinnt man beide Cups in England, im Jahr darauf steht Ballack wieder im Champions-League-Finale – und geht nach Elfmeterschießen gegen Manchester United erneut als Verlierer vom Feld.

Drei Meisterschaften und drei Pokalsiege in vier Jahren beim FC Bayern.

Leverkusen holt Ballack ablösefrei, doch die großen Hoffnungen werden durch einen Bruch des Schienbeinkopfs früh gedämpft. Ballack kommt ab Januar 2011 zurück, das Ergebnis bleibt ein wohl bekanntes: Leverkusen wird Vizemeister. Kurz darauf verkündet Bundestrainer Joachim Löw, dass er Ballack nicht mehr berücksichtigen werde – und in Leverkusen setzt Bayer-Trainer Robin Dutt den Mittdreißiger gar auf die Bank. Ballack handelt. Im Sommer 2012 beschließt er seine Karriere.

Beim 1. FC Kaiserslautern feierte Michael Ballack in der Saison 1997/98 sein Bundesliga-Debüt und wurde prompt Deutscher Meister.

Geboren: 26. Juli 1953, Aschaffenburg
In der Liga (als Spieler): 306 Spiele (46 Tore) für den Hamburger SV (1976–1986)
In der Liga (als Trainer): Hamburger SV (1995–1997), 1. FC Nürnberg (1997/98), SV Werder Bremen (1998/99), Eintracht Frankfurt (1999–2001), VfB Stuttgart (2001–2004 – auch als Manager), FC Bayern München (2004–2007), VfL Wolfsburg (2007–2009 – auch als Sportdirektor) und FC Schalke 04 (ab 2009–2011 – auch als Manager), VfL Wolfsburg (2011/12 – auch als Sportdirektor)

Felix Magath

Zwischen 1979 und 1984 gab es keinen Meisterschaftskampf ohne den HSV und dessen Mittelfeldstrategen Felix Magath. Seit 2005 gilt dies in ganz ähnlicher Form für jene Vereine, bei denen »Quälix« jeweils als Trainer tätig ist.

Inzwischen kann man sich – ohne für verrückt erklärt zu werden – die Frage stellen, ob es der Spieler oder der Trainer Felix Magath sein wird, an den man sich mit Blick auf die Bundesliga-Geschichte in 20 Jahren eher erinnern wird. So wie die Dinge im Moment stehen, wird man sich wohl an den Trainer erinnern, der nach vielen Aufs und Abs bei zahlreichen Vereinen schließlich binnen kurzer Zeit sowohl den FC Bayern München als auch den VfL Wolfsburg zur Deutschen Meisterschaft führte. Beim dritten Liga-Großklub, der ihn engagierte, hat der Pfefferminztee-Liebhaber Magath sein Ziel dann nicht erreicht. Er wollte Schalke 04 den ersten Meistertitel nach 1958 angedeihen lassen. Bis heute wartet der Verein darauf.

Genauso übrigens wie der Trainer Magath auf jenen Pokal, den er als Spieler neben dem des Deutschen Meisters, des Europapokals der Pokalsieger und dem des Europameisters längst in die Höhe hat stemmen dürfen. Dabei war es ganz sicher eines seiner besten Spiele im Trikot des Hamburger SV, das der Mittelfeldspieler Magath am 25. Mai 1983 im Olympiastadion von Athen ablieferte. Vor allem aber gelang ihm in diesem Endspiel des Europapokals der Landesmeister gegen den erklärten Favoriten Juventus Turin früh das entscheidende Tor. Ein Treffer, der Magaths Laufbahn krönte und der ihm zwischenzeitlich auch einige Angebote aus der italienischen Serie A bescherte. Der HSV und Trainer Ernst Happel aber ließen ihren strategischen Kopf nicht ziehen.

Seine Wurzeln reichen von Aschaffenburg über Ostpreußen bis nach Puerto Rico.

1976 hatte der als Wolfgang Felix Magath geborene Sohn einer aus Ostpreußen kommenden Deutschen und eines aus Puerto Rico stammenden US-Soldaten mit dem Zweitligisten 1. FC Saarbrücken den Aufstieg in die Bundesliga geschafft. Magath wechselte dann aber zum Traditionsverein Hamburger SV und hatte nach anfänglichen Akklimatisierungsproblemen zügig Erfolg. Im Mai 1977 gewann der HSV in Amsterdam den Europapokal der Pokalsieger gegen den belgischen Titelverteidiger RSC Anderlecht. Beim 2:0-Sieg gelang dem inzwischen zum Nationalspieler avancierten Magath in der 90. Minute der zweite Treffer, acht Minuten zuvor erst hatte Mannschaftskollege Georg Volkert per Elfmeter das 1:0 besorgt. Auch an den darauf folgenden drei Deutschen Meisterschaften des HSV (1979, 1982 und 1983) hatte Felix Magath maßgeblichen Anteil.

Bis in die 1980er-Jahre hinein lenkte der introvertierte Magath klug und effizient das erfolgreiche Spiel des HSV, der in dieser Zeit in der Bundesliga der große Herausforderer von Bayern München war. Nicht nur in der Liga, sondern auch in der Nationalmannschaft entstand so eine permanente Konkurrenzsituation, die in der Bundesauswahl klar zugunsten des Bayern-Spielers Paul Breitner als zentralem Mittelfeldakteur entschieden wurde. Der feine Techniker und überragende Passgeber Felix Magath war allenfalls schmückendes Beiwerk.

Statt sich allerdings über diese Fehleinschätzung öffentlich zu beschweren, schluckte Magath seinen Frust in aller Stille runter. Wie auch 1986, als ihn der damalige Teamchef Franz Beckenbauer im WM-Finale gegen Argentinien nach einer Stunde beim Stand von 0:2 gegen den eher grobmotorischen Stürmer Dieter Hoeneß auswechselte. Einen »Klosterschüler, aus dem im harten Fußballgeschäft nie etwas wird«, hatte Magaths großes Trainervorbild Ernst Happel einmal über seinen Spieler gesagt. Wie mindestens die Gegenwart belegt, hat sich Happel da einmal mächtig geirrt.

Und das alles mit links: Nicht nur ob seiner gefährlichen Torschüsse war der linke Fuß des gebürtigen Aschaffenburgers ligaweit gefürchtet.

HITACHI

adidas
T··Home·
BUNDES LIGA
FCB

Geboren: 7. April 1983, Boulogne-sur-Mer (Frankreich)
In der Liga: 193 Spiele (68 Tore) für FC Bayern München (seit 2007)

Franck Ribéry

Der kleine Nordfranzose hat sich aus ärmlichen Verhältnissen zu einem der Superstars – nicht nur der Bundesliga, sondern weltweit – hochgespielt.

Es gibt die hübsche Anekdote, die Hans Meyer einmal zum Besten gegeben hat. Als er noch im Trainerberuf tätig gewesen ist, habe ihm jemand von einem Juwel erzählt, einem klein gewachsenen Spieler, der da irgendwo in Frankreich kicke und unglaublich gut sei. Den solle er sich mal ansehen. Hans Meyer wiegelte ab – unnötiger Aufwand. Es sollte sich als grandiose Fehleinschätzung herausstellen.

Mit Beginn der Spielzeit 2007/08, Meyer war Cheftrainer des 1. FC Nürnberg, kam Franck Ribéry wie ein Tornado über die Bundesliga. 25 Millionen Euro hatte der FC Bayern für den 1,70 Meter großen Mittelfeld-Vizeweltmeister an Olympique Marseille überwiesen, so viel Geld hatten die Münchener noch nie zuvor für einen Transfer berappt.

Am Ende seiner Premierensaison hatte Ribéry mit seinen explosiven Antritten, seiner sensationellen Ballfertigkeit und zahlreichen Toren maßgeblichen Anteil am Gewinn des Doubles für die Bayern. Wegen seiner außergewöhnlichen Fähigkeiten hatten Deutschlands Sportjournalisten Frankreichs »Fußballer des Jahres 2007« auch gleich zu Deutschlands »Fußballer des Jahres 2008« gekürt.

Geboren in Boulogne-sur-Mer, Nordfrankreich, wuchs Ribéry auf in einem Viertel mit einer Arbeitslosenquote von 60 Prozent und einem hohen Anteil an Migranten. Der große Antrieb, auf dem Fußballplatz Besonderes zu leisten, speist sich aus diesen Tagen am Rand der Gesellschaft. Die Wut aus jener Zeit verleihe ihm bis heute die Kraft, ein Team zu motivieren, sagt Ribéry. Der Rest ist Glaube. 2002 ist der Franzose zum Islam, dem Glauben seiner Frau, konvertiert. Sein muslimischer Name ist Bilal.

Ribérys ungewöhnliches Talent offenbarte sich früh. Als Zehnjähriger konnte er den Ball bereits 400-mal in Serie hochhalten, mit 13 kam er ins Fußballinternat von Lille, das er drei Jahre später wieder verlassen musste. Die Begründung lautete: »Körperlich retardierte Entwicklung«. Ohne Schulabschluss kehrte Ribéry in seine Heimat zu den Eltern zurück. Über die Drittligisten Alès und Stade Brestois sowie Baustellen-Jobs an der Seite seines Vaters landete er beim FC Metz in der Ligue 1. Nachdem Ribéry in eine Nachtklub-Schlägerei verwickelt war, wechselte er für eine Ablöse von fünf Millionen Euro zu Galatasaray nach Istanbul und gewann dort den nationalen Pokal.

Ein halbes Jahr später kehrte er im Sommer 2005 nach Frankreich zurück, zu Olympique Marseille, wo er eine brillante Saison spielte und in der A-Nationalmannschaft debütierte – zwei Wochen vor Start der WM in Deutschland. Dort war er dann der augenfälligste Spieler in einer überaltert wirkenden Mannschaft. Im Sommer 2007 wechselte er zu Bayern München, gewann gleich das Double und wuchs mit seiner ungeheuren Antrittsschnelligkeit und seiner Stärke im Eins-gegen-eins zu einem der Schlüsselspieler beim deutschen Rekordmeister. Dass er dabei noch jede Menge Tore erzielte und als Vorlagengeber glänzte, machte ihn so wertvoll. Die vorläufige Krönung seiner Laufbahn erlebte Franck Ribéry im Jahre 2013, als er mit den Bayern nicht nur das Triple gewann, sondern zugleich zu Europas »Fußballer des Jahres« gekürt wurde.

Herkunft als Antriebsfeder, auf dem Fußballplatz Besonderes zu leisten.

Explosiver Antritt und sensationelle Ballfertigkeit: Gleich in seiner ersten Bundesliga-Saison gewinnt Ribéry das Double mit den Bayern.

Zwei Ausnahmefußballer, deren Persönlichkeiten unterschiedlicher kaum sein könnten: Der extrovertierte und provokante »Tiger« Effenberg (l.) und die bodenständige Eintracht-Legende Jürgen Grabowski (r.).

Stefan **Effenberg**

Als Bayern München 1998 Ottmar Hitzfeld als Trainer verpflichtete, stellte der eine Bedingung: Bringt mir Effenberg! Die Bayern-Bosse schluckten. Ausgerechnet Effenberg. Der war zwar ein begnadeter Mittelfeldspieler, aber auch der umstrittenste Kicker des Landes: bei der Nationalelf wegen einer Mittelfinger-Geste an die Fans »unehrenhaft« entlassen, bei seinem ersten Gastspiel in München lieber heute als morgen nach Florenz verkauft. Sie haben ihn dann trotzdem nochmal aus Mönchengladbach geholt … und es nicht bereut.

Effenberg erfüllte den Bayern 2001 ihre größte Sehnsucht, den Gewinn der Champions League. Selten hing eine Mannschaft so an einem Spieler, seiner Klasse, seiner Regie, seiner Kaltblütigkeit. Wenn »Effe« gleich in der ersten Aktion den gegnerischen Star umsenste, dann wusste man: Heute ist ein Bayern-Abend.

Seine Aggressivität auf dem Platz trug ihm den Bundesliga-Rekord von 113 Gelben Karten ein. Abseits des Rasens bekamen diese unter anderem ein verprügelter Obdachloser, ein beleidigter Polizist und der gehörnte Spielerkollege Thomas Strunz zu spüren. Ob Claudia oder Titel: Was er wollte, das holte er sich. Das Jobprofil des Anführers wird im deutschen Fußball deshalb nach wie vor nur mit einem Namen umschrieben: Effenberg.

Geboren: 2. August 1968, Hamburg
In der Liga: 370 Spiele (71 Tore) für Borussia Mönchengladbach (1987–1990, 1994–1998), Bayern München (1990–1992, 1998–2002) und VfL Wolfsburg (2002/03)

Jürgen **Grabowski**

Wenn sich kleine Jungs ihren perfekten Tag vorstellen, dann dürfte er wohl in etwa so aussehen: Geburtstag haben und Fußballweltmeister werden. Für Jürgen Grabowski ist dieser Traum wahr geworden, am 7. Juli 1974. Besser geht's nicht – sogleich erklärte er seinen Rücktritt aus der Nationalelf und widmete sich fortan ganz seinem Dasein als Frankfurter Ikone.

Grabowski war ein Profi der alten Schule. Nie hat »Grabi« irgendwo anders gespielt als bei der Eintracht, elf Jahre diente er ihr als Kapitän. In Frankfurt feiern sie ihn bis heute als Besten, den sie je hatten; dort spielte er nicht auf dem Flügel wie bei der Nationalmannschaft, sondern im Zentrum; dort hätten sie ihn nie auf der Bank sitzen lassen und erst später eingewechselt wie etwa bei der WM 1970. Da galt er gerade mal als »bester Joker« des Turniers.

Sein letztes Spiel bestritt Jürgen Grabowski im März 1980, als ihn der junge Gladbacher Lothar Matthäus zum Invaliden grätschte. Zwei Monate später rächte ihn seine Eintracht mit dem Gewinn des UEFA-Cups. Im Finale gegen Matthäus und Mönchengladbach.

Geboren: 7. Juli 1944, Wiesbaden
In der Liga: 441 Spiele (109 Tore) für Eintracht Frankfurt (1965–1980)

Bei Andreas Möller (l.) und Diego (r.) überwiegen in fußballerischer Hinsicht die Gemeinsamkeiten. Spektakuläre Tempodribblings und eine gute Schusstechnik gehören zu den Markenzeichen der beiden Edeltechniker.

Andreas Möller

Zeit seiner Karriere bewegte sich Andreas Möller zwischen Genie und Tragik. Der Spielmacher mit dem »Turbo«-Antritt war der begabteste deutsche Fußballer der 1990er-Jahre. Doch viele Menschen konnten ihn nicht leiden. Möller galt als Schönspieler (in der Bundesliga seit jeher eine besonders verdächtige Spezies) oder gar als Steigerungsform des Schönspielers – als Heulsuse. Nur einem wie ihm konnte es passieren, als erster Profi für etwas gesperrt zu werden, was zuvor tausendfach straffrei geblieben war: 1995 zog ihn der DFB wegen einer Schwalbe zwei Wochen aus dem Verkehr.

Möller hat als einziger Deutscher alle großen Titel gewonnen, ohne je beim FC Bayern gespielt zu haben. Weltmeister 1990, Europameister 1996, Champions-League-Sieger mit Borussia Dortmund, UEFA-Cup-Sieger mit Juventus Turin. Einhelligen Respekt jedoch erwarb er sich als Spieler erst an seiner vorletzten Wirkungsstätte. Im Alter von 32 Jahren beging er die »Todsünde« und wechselte von Dortmund nach Schalke. Dort setzte er sich gegen alle Anfeindungen durch, überwand so sein Image des Weichlings und führte Schalke 2001 zur Meisterschaft – der Herzen. Die Tragik war bei Andreas Möller eben nie weit weg.

Geboren: 2. September 1967, Frankfurt/Main
In der Liga: 429 Spiele (110 Tore) für Eintracht Frankfurt (1985–1987, 1990–1992, 2003/04), Borussia Dortmund (1988–1990, 1994–2000) und FC Schalke 04 (2000–2003)

Diego

Für den Fußball in Deutschland war 2006 ein epochaler Sommer; er erlebte die WM im eigenen Land. Und als der Alltag zurückkehrte, entdeckte er Diego. Wie eine Naturgewalt kam Werder Bremens damals 21-jähriger Brasilianer über die Bundesliga: ein Tor und zwei Torvorlagen im ersten Spiel, zwei Torvorlagen im nächsten, Hacke, Spitze, Fallrückzieher, »Fußballer des Monats«, »Tor des Jahres« und so weiter. Kurz: Es war eine bombastische Debütsaison.

Diego Ribas da Cunha ist der beste Import aus Brasilien, seit 1987 regelmäßige Handelsbeziehungen auf dem Transfermarkt aufgenommen wurden. Als Tita damals zu Bayer Leverkusen wechselte, war das noch eine Sensation. 22 Jahre später zahlte Juventus Turin Werder Bremen für Diego Werder sensationelle 24,5 Millionen Euro Ablöse. Nur einen Sommer später berappte der VfL Wolfsburg für den Brasilianer im Anschluss an eine – vorsichtig formuliert – mittelprächtige Saison neun Millionen Euro weniger.

Zurück in der Bundesliga bekam Diego in Wolfsburg schnell mit Trainer/Manager Felix Magath seine Probleme, wurde suspendiert und zunächst an Atlético Madrid ausgeliehen, dann sogar verkauft. Doch trotz gewonnener Euro-League wurde Diego auch in Spanien nicht glücklich. Seit 2014 ist er für Fenerbahçe Istanbul aktiv.

Geboren: 28. Februar 1985, Ribeirão Preto (Brasilien)
In der Liga: 161 Spiele (57 Tore) für SV Werder Bremen (2006–2009) und VfL Wolfsburg (2010–2014)

Thomas Häßler

Geboren: 30. Mai 1966, Berlin
In der Liga: 400 Spiele (68 Tore) für 1. FC Köln (1984–1990), Karlsruher SC (1994–1998), Borussia Dortmund (1998/99) und TSV 1860 München (1999–2003)

In seiner aktiven Zeit konnte der Fußballer der Jahre 1989 und 1992 alles am Ball. Titel konnte der brillante Techniker allerdings »nur« mit der Nationalelf gewinnen.

Beim 1. FC Köln hatte man bereits hervorragende Erfahrungen mit klein gewachsenen Nachwuchs-Offensivspielern aus Westberlin gemacht. Auf den Zehlendorfer Pierre »Litti« Littbarski (1,68 Meter) folgte 1983 der Reinickendorfer Thomas »Icke« Häßler (1,66 Meter). Der Mittelfeldwirbler wurde Nationalspieler und ging 1990 als Weltmeister für die Rekordablöse von 15 Millionen Mark zu Juventus Turin. Eingefädelt hatte den Transfer Häßlers Frau und Managerin Angela; angeblich soll die gelernte Kosmetikerin in den Verhandlungen mit Juve ein eigenes Kosmetikstudio gefordert haben.

Zwar war Häßler bei Juve herausragend, dummerweise aber verpasste der Klub erstmals seit 28 Jahren einen europäischen Wettbewerb, und der neue Trainer Giovanni Trapattoni schob Häßler zum AS Rom ab. Im Sommer 1994 holte der damals sehr solvente Karlsruher SC Häßler für sechs Millionen Mark in die Bundesliga zurück. Schwere Verletzungen in der Saison 1996/97 warfen ihn zurück. Nach seiner Rückkehr ins Team konnte Häßler den Abstieg 1998 nicht mehr verhindern – und damit auch nicht seinen ablösefreien Transfer zu Borussia Dortmund.

Dort war er wieder verletzt, hatte Probleme mit Trainer Michael Skibbe und erhielt im April 1999 die Freigabe für 1860 München, wo er zu alter Klasse zurückfand und die »Löwen« in die Qualifikation zur Champions League führte. In seiner letzten Bundesliga-Saison 2002/03 war er in München nur noch Ersatzspieler. Über ein kurzes Gastspiel in Salzburg kehrte der frühere »Fußballer des Jahres« an die Stätte seiner ersten Erfolge zurück. Als Techniktrainer brachte Thomas Häßler seinen Nachfolgern beim 1. FC Köln die nötigen Finessen bei. Inzwischen wirkt der Co-Trainer seines ehemaligen Mannschaftskameraden Olaf Janßen völkerverbindend in der ersten iranischen Liga.

Jede Ballberührung ein fußballerischer Leckerbissen: ein konzentrierter Thomas Häßler im Trikot des Karlsruher SC.

Geboren: 10. September 1968, Wien (Österreich)
In der Liga: 264 Spiele (59 Tore) für SV Werder Bremen (1992–1995, 1996–2001) und FC Bayern München (1995/96)

Andreas Herzog

Der österreichische Rekordnationalspieler war zweifelsohne der erfolgreichste Import aus der benachbarten Alpenrepublik. Auch nach eigenem Bekunden war die Zeit in Deutschland die schönste seiner Karriere.

Während man den Österreicher Andreas Herzog hierzulande als »Herzerl« und »Alpen-Maradona« bezeichnete, galt er dem besten Fußballer seiner Heimat, dem Nationalhelden Hans Krankl (Cordoba, Sie wissen schon), als »weißer Gullit«. Ganz so weit wie der zum »Weltfußballer« gekürte Niederländer hat es der Wiener Herzog dann doch nicht gebracht.

Immerhin reichte es für Österreichs »Fußballer des Jahres« 1992, um insbesondere die Fans des SV Werder Bremen häufig in schieres Entzücken zu versetzen, wenn hier gleichwohl nicht verschwiegen werden soll, dass die grün-weiße Anhängerschaft häufig genug auch an ihrem Herzog verzweifelte.

Mit drei Millionen Mark war der Österreicher 1992 der teuerste Neuzugang in der Bremer Vereinsgeschichte, seine Ankunft wurde – weil Österreicher – von Skepsis begleitet. Aber Herzog rechtfertigte das Investment in seine Person umgehend: In seiner Premierensaison in der deutschen Bundesliga führte er Werder gleich zum Meistertitel. Später, 1994 und 1999, sprangen noch zwei Pokalsiege heraus.

Herzogs Problem war mangelnde Konstanz. Spielte er an einem Tag eine Mannschaft quasi im Alleingang gegen die Wand, gelang ihm in der Woche darauf auch schon mal gar nichts. Um sich entfalten zu können, benötigte Herzog ein ihm genehmes Umfeld. Was geschehen konnte, wenn das nicht der Fall war, zeigte sich nach seinem Wechsel zu Bayern München 1995, wo er ein Fremdkörper blieb und Ende der Saison an die Weser zurückkehrte.

Immer wieder wurde Herzog fortan von Verletzungen geplagt, sein Vertrag endete vorzeitig zum Jahresende 2001. Seine Spielerkarriere beendete Andreas Herzog 2005 bei Los Angeles Galaxy, einige Zeit bevor ein gewisser David Beckham dort aktiv wurde.

Tore für Werder, Küsschen für die Fans: Wenn die Laune danach war, spielte Andreas Herzog jeden Gegner schwindelig.

Geboren: 16. Oktober 1970, Karlsruhe
In der Liga: 392 Spiele (98 Tore) für Karlsruher SC (1989–1992) und FC Bayern München (1992–2007)

Mehmet Scholl

Obgleich er bei nur zwei Vereinen kickte, war seine Karriere – verletzungsbedingt – sehr wechselhaft. Und wie er selbst meint, waren dabei »die Tiefen tiefer als die Höhen hoch«. Dennoch hat Scholl nur vor zwei Dingen wirklich Angst: vor Krieg und Oliver Kahn.

Heute ist Mehmet Scholl ein Fußballfernsehexperte. Klug analysiert er an der Seite von *ARD*-Moderatoren wie Matthias Opdenhövel die Spitzenspiele des Senders. Das TV-Engagement hat dem ehemaligen Mittelfeldspieler mindestens vorläufig eine andere Karriere gekostet. Denn weil er sich »on air« über den damaligen Bayern-Stürmer Mario Gomez lustig gemacht hatte (»Ich hatte zwischendrin Angst, dass er sich wundgelegen hat!«), wurde er seinen Job als Trainer der Amateurmannschaft des deutschen Rekordmeisters los. Was seiner Beliebtheit indes keinen Abbruch tat.

Der einzige Bayern-Spieler, der auch bei den Gegnern beliebt war.

Selbst ausgesprochenen Bayern-Hassern galt der Lieblingsspieler von Klubmanager Uli Hoeneß stets als das Gute im Reich des Bösen. Das lag an seiner Art zu spielen, die den Straßenfußball und dessen Leichtigkeit mit technischer Brillanz und ausgeprägtem taktischen Verständnis kombinierte. Scholl bei der Arbeit zuzusehen, vermittelte Freude. Hinzu kam, dass er sich auch stets das Recht auf freie Meinungsäußerung gönnte, wenngleich nicht alle Aussagen hohen inhaltlichen Gehalt besaßen: »Hängt die Grünen, so lange es noch Bäume gibt!« Gelungener war da schon seine Antwort auf die Frage eines Journalisten, welche Partei er denn wähle? »Die Grünen, ich kann sie ja nicht hängen lassen.« Als Lieblingsberuf gab Scholl einmal »Spielerfrau« an.

Dass die Karriere von Mehmet Scholl vor allem eine nationale geblieben ist, hing mit den vielen Verletzungen zusammen, die er sich in erschreckender Regelmäßigkeit zuzog und die Größeres verhinderten. Am Ende standen gerade mal 36 Länderspiele zu Buche und keine WM-Teilnahme. Immerhin wurde »Scholli« 1996 in England Europameister, wenngleich er im Endspiel nach zuvor toller Leistung gegen »Golden Goal« Oliver Bierhoff ausgewechselt worden war. Auch beim zweiten großen Titel seiner Karriere, dem Champions-League-Sieg 2001, war er kurz vor dem entscheidenden Elfmeterschießen gegen Valencia ausgewechselt worden. Immerhin hält Scholl aber zusammen mit seinem »Spezi« Oliver Kahn den nationalen Rekord mit acht gewonnenen Deutschen Meistertiteln.

Zwölf Jahre zuvor hatte der Mittelfeldspieler seine Karriere beim Karlsruher SC gestartet. Unter Trainer Winfried Schäfer, der ihn zunächst ignoriert hatte, entwickelte Scholl sich rasch zu einer wichtigen Figur im Spiel des Vereins. Das blieb auch dem FC Bayern München nicht verborgen, der Scholl 1992 aus seinem laufenden Vertag herauskaufte, wobei der Neuzugang Zeit benötigte, sich bei den Bayern durchzusetzen. Unter dem Freund defensiver Spielausrichtung, Giovanni Trapattoni, kam dem begnadeten Techniker Scholl dann eine langwierige Verletzung von Kapitän Lothar Matthäus zugute – Scholl spielte auf dessen zentraler Position im Mittelfeld und wurde, wenn er von Verletzungen verschont blieb, Stammspieler. Doch als der Verein im Mai 1998 Stefan Effenberg als neuen Führungsspieler verpflichtete, war Scholl bereit zu gehen. Angeblich lag ein Angebot des FC Barcelona vor.

Er ist dann doch in München geblieben und hat sich seinen Traum vom FC Barcelona dennoch verwirklicht. Der Mann mit der Nummer 7 auf dem Trikot lud die spanische Weltelf zu seinem Abschiedsspiel im Sommer 2007 nach München ein.

Seine große Klappe bewies Scholl nicht nur mit lockeren Sprüchen über die Grünen – aber niemand konnte ihm deswegen ernsthaft böse sein.

Geboren: 23. Januar 1984, Bedum (Niederlande)
In der Liga: 127 Spiele (73 Tore) für FC Bayern München (seit 2009)

Arjen Robben

Mit dem FC Bayern München hat der niederländische Ausnahmestürmer Arjen Robben nach langer Suche endlich seinen idealen Verein gefunden. Nicht nur der medizinischen Betreuung wegen.

2010 wurde Robben zu Deutschlands »Fußballer des Jahres« gekürt.

Anfang 2015 adelte die *Frankfurter Allgemeine Sonntagszeitung* Arjen Robben zum »besten Ausländer, den die Bundesliga bisher sah«. Eine Auszeichnung über die sich historisch zweifelsfrei streiten lässt, die als Momentaufnahme aber wiedergab, dass die Bundesliga den besten Robben aller Zeiten erleben konnte, wie man das im Privatfernsehen wohl formulieren würde.

Robben hat mehrfach betont, dass sein Wechsel von Real Madrid zum FC Bayern München im Sommer 2009 der beste Schritt seiner Karriere gewesen ist. Bis dahin galt der schnelle Holländer dem deutschen Publikum als außergewöhnlicher Offensivspieler, was er zuvor in Eindhoven, bei Chelsea und in eben Madrid bewiesen hatte.

Allerdings zeichnete ihn dabei immer auch ein sehr konkretes Handicap aus: Arjen Robben war auffallend verletzungsanfällig.

Insofern wunderte sich der damalige Bayern-Arzt Hans-Wilhelm Müller-Wohlfahrt nicht, als er einen Anruf von Uli Hoeneß erhielt. Man könne Robben verpflichten, erklärte der Vereins-Manager dem Doktor. Jenen Robben, der in 18 Monaten Madrid wegen neun Verletzungen immer wieder ausgefallen war und den die Königlichen loswerden wollten, weil sie wieder Cashflow benötigten. Hoeneß: »Traust du dir zu, ihn gesund zu machen, ihn zu behandeln, sodass er sich nicht mehr verletzt?«

Müller-Wohlfahrt sagte Hoeneß, er werde Robben erst einmal untersuchen und fand dabei dann einen Hinweis auf die häufigen muskulären Probleme des Holländers. Die Rückmeldung von »Mull« an Hoeneß fiel klar aus, er werde das hinbekommen. »Arjen ist vergleichbar mit einem Fomel-1-Motor«, erklärte Müller-Wohlfahrt. »Er will vor jedem Spiel untersucht werden. Und wenn er dann das Okay kriegt, dann startet er durch.« Und wie.

Bereits in seiner ersten Saison sorgen seine Tore in der Champions League gegen den AC Florenz und Manchester United dafür, dass die Bayern das Finale gegen Inter Mailand erreichen. Im nationalen Pokal sorgt er im Halbfinale gegen Schalke für die Entscheidung und damit das Double 2010. Doch dann kam im selben Jahr wieder eine dieser Muskelverletzungen, zugezogen im Testspiel der Niederlande gegen Ungarn. Robben fiel in der Bundesliga-Hinrunde aus, am Ende schaffte er dennoch zwölf Tore in 14 Spielen. 2013 schoss er den Siegtreffer im Champions-League-Finale gegen Dortmund und den FCB damit zum Triple unter Jupp Heynckes.

Die vielleicht erstaunlichste Leistung gelang dem schnellen, wendigen Rechtsaußen mit dem treffsicheren linken Fuß allerdings, als er sich ab Sommer 2013 scheinbar reibungslos ins Tiki-Taka-System von Pep Guardiola einfügte. Denn bis dato galt Robben als ein Individualist, der anstatt Ballzirkulation stets das eigene Dribbling nebst Abschluss suchte. Doch unter Guardiola wurde Robben flexibler, zog häufiger ins Zentrum des Spiels als echte Zehn oder auch mal auf links, dort, wo er beim FC Groningen 16 Jahre zuvor seine großartige Profikarriere begonnen hatte.

Den inzwischen 31 Jahre alten Niederländer Arjen Robben treibt dabei ein geradezu deutsch anmutender Hang an: »Man muss immer kritisch sein«, hat er einmal nach einem fehlerbehafteten Auftritt in der Bundesliga gesagt. »So bin ich halt. Ich will eben immer alles perfekt machen.«

Charakteristisch für das Spiel Robbens ist seine enge, elegante Ballführung, die er beim schnellen Slalomlauf durch die Gegner praktiziert.

FINAL WEMBLEY 2013
adidas
FCB

Mario Götze

Geboren: 3. Juni 1992, Memmingen
In der Liga: 137 Spiele (40 Tore) für Borussia Dortmund (2009–2013) und FC Bayern München (seit 2013)

Ein Dortmunder Borusse durch und durch, von der »Süd« geliebt bis zum geht nicht mehr – bis Mario Götze auf die Idee kam, zum »Klassenfeind« nach München zu wechseln.

Im November 2013 hob Mario Götze im Dortmunder Stadion seine Arme zaghaft zu einer Geste der Entschuldigung nach oben. Gerade war ihm nach etwas mehr als einer Stunde ein Tor gelungen. Doch der Nationalspieler hatte nicht für die Borussia, sondern für seinen neuen Arbeitgeber, den FC Bayern München getroffen. Die sonst so laute Arena war geschockt, statt gellendem Pfeifen entsetzte Stille.

Es schien so, als könne niemand glauben, was da gerade geschehen war. Dass also tatsächlich jener Mann gegen den BVB getroffen hatte, der zwar im Allgäu geboren, seit seinem neunten Lebensjahr jedoch das schwarz-gelbe Trikot getragen hatte. Jener Mario Götze also, der ziemlich genau vier Jahre vor diesem brutalen Treffer in der Bundesliga für den BVB gegen Mainz 05 debütiert hatte. Der 2011 Meister mit dem Team von Jürgen Klopp geworden war, 2012 das Double geholt hatte und der im Sommer 2013 nach dem verlorenen Champions-League-Finale gegen die Bayern dann über seine Ausstiegsklausel für 37 Millionen Euro nach München gegangen war.

Ein gutes halbes Jahr nach diesem denkwürdigen Abend von Dortmund stand Joachim Löw an der Seitenlinie neben Mario Götze und sagte zu seinem Spieler: »Zeig der Welt, dass du besser bist als Messi!« Dann lief Götze in der 88. Minute des WM-Endspiels gegen Argentinien für Miroslav Klose aufs Feld des Maracanã-Stadions in Rio de Janeiro. Natürlich konnte der Deutsche an diesem Abend nicht den Beweis antreten, dass er besser ist als Messi. Aber er schoss ein Tor. Das einzige und damit entscheidende. In der Verlängerung. Löw, Götze und die anderen Deutschen waren Weltmeister. Und damit war Mario Götze zumindest in dieser einen Nacht auch besser als Lionel Messi.

Mario Götze war der erste Dortmund-Star der Klopp-Ära, den Bayern München erfolgreich abwarb.

Im Trikot von Werder schaffte Özil den lang ersehnten Durchbruch zum Topspieler.

Geboren: 15. Oktober 1988, Gelsenkirchen
In der Liga: 101 Spiele (13 Tore) für FC Schalke 04 (2006–2008), SV Werder Bremen (2008–2010)

Mesut Özil

Aus dem Affenkäfig in Gelsenkirchen-Bismarck bricht er auf in die großen Arenen der Fußballwelt. So wird Mesut Özil zum erfolgreichsten Bundesligakicker mit Migrationshintergrund.

Kein Zufall, dass Mesut Özils größtes sportliches Vorbild Zinédine Zidane ist. Wie der Franzose, dessen Eltern aus Algerien ausgewandert waren, so liegen auch die Wurzeln von Mesut Özil nicht in jenem Land, mit dessen Nationalmannschaft er Weltmeister geworden ist. Aus der Türkei kamen Özils Eltern nach Gelsenkirchen-Bismarck, wo Mesut im umzäunten »Affenkäfig« auf Asche lernte, den Ball gegen größere, stärkere Kids aus aller Herren Länder zu behaupten. Dort entwickelte der schmächtige Junge jene Leichtigkeit, Eleganz und Handlungsschnelligkeit, die er dem großen »Zizou« im Fernsehen abgeschaut hatte.

2005 wechselte er von Rot-Weiß Essen in die A-Jugend des FC Schalke 04 und schaffte den Sprung zu den Profis. Doch Mesuts Vater Mustafa sah das Talent seines Sohnes auf Schalke nicht ausreichend gewürdigt. Sei Sohn sei so gut, dass er in spätestens drei Jahren bei Real Madrid spielen werde. Das war 2007 – und Schalke war genervt, verkaufte den 19-jährigen Özil samt seiner Entourage an Werder Bremen.

Dort entfaltete Özil sich zum wunderbaren Filigranfußballer. Mit ihm als Takt-, Vorlagengeber und Torschützen wurde Werder Bundesligadritter, Pokalsieger, dann Vizemeister und nahm an der Champions League teil. Özil etablierte sich als Nationalspieler, wurde nach starker Leistung bei der WM 2010 mit der DFB-Elf Dritter, ehe – wie von Vater Mustafa vorausgesagt – Real Madrid anrief. Özil verließ die Bundesliga, verzauberte Madrid und diente Superstar Cristiano Ronaldo als überragender Vorbereiter. Als Real zur Saison 2013/14 100 Millionen für den Waliser Gareth Bale ausgab, wechselte Özil für die Hälfte des Geldes zu Arsenal London und war gleich maßgeblich am Gewinn des FA Cups beteiligt.

Typisch
deutsch

Lothar Matthäus
Oliver Kahn
Berti Vogts
Olaf Thon
Matthias Sammer
Willi Schulz
Bernard Dietz
Jürgen Kohler
Hans-Peter Briegel

2.

150

Lothar Matthäus

Auch wenn Lothar Matthäus nie den europäischen Thron für Vereinsmannschaften besteigen konnte, bleibt seine Karriere doch beispiellos und gespickt mit Titeln und persönlichen Auszeichnungen. Allein zweimal wurde er zum »Weltfußballer des Jahres« gewählt.

Geboren: 21. März 1961, Erlangen
In der Liga: 464 Spiele (121 Tore) für Borussia Mönchengladbach (1979–1984) und FC Bayern München (1984–1988 und 1992–2000)

Lothar Matthäus war nie deutscher als 1990. Und er war auch nie erfolgreicher, besser, größer und ehrgeiziger als in dem Jahr, in dem Deutschland in Italien Weltmeister wurde. Da war er nicht nur der Kapitän der deutschen Fußballnationalmannschaft, Lothar Matthäus war der Motor, das Herz und der durch nichts zu brechende Wille dieser Elf. Er war der verlängerte Arm von Teamchef Franz Beckenbauer, seinem Über-Ich.

Aufgewachsen war Matthäus im fränkischen Herzogenaurach, wo es ähnlich den Capulets und den Montagues aus Shakespeares *Romeo & Julia* zwei verfeindete Clans gab: die Dasslers (Adidas) und die Dasslers (Puma). Matthäus war in die Puma-Familie hineingeboren worden, in der sein Vater als Hausmeister bei dem Sportartikelhersteller arbeitete. Mit 18 Jahren wechselte der Jugendnationalspieler Matthäus zu Pumas Bundesliga-Aushängeschild: Borussia Mönchengladbach. Wäre er auf der »anderen Seite« Herzogenaurachs groß geworden, er wäre nicht erst 1984 beim FC Bayern München gelandet.

Unter Trainer Jupp Heynckes wurde Matthäus zügig Stammspieler auf dem Bökelberg, nach nicht mal einem Jahr in der Bundesliga war er schon Nationalspieler und wurde 1980 in Italien Europameister. In Vorbereitung der WM 1982 sorgte der 21-Jährige für Aufsehen. Auf der Südamerika-Reise der Nationalmannschaft zerstörte er das Spiel der damals besten Mittelfeldakteure der Welt, des Brasilianers Zico und des Argentiniers Maradona, mit einer Unerbittlichkeit, die beim reinen Zusehen schon unangenehm war. Kurz darauf wurde Matthäus Vizeweltmeister und wechselte zum FC Bayern München.

Unerbittlich auf den Fersen von Zico und Maradona.

In insgesamt zwölf Dienstjahren bei den Bayern – unterbrochen durch ein Engagement bei Inter Mailand (Meisterschaft, UEFA-Cup-Sieg) – verantwortete Matthäus sieben Meisterschaften, einen UEFA-Cup-Titel sowie zwei Pokalsiege. Er verlor aber auch zweimal das Finale im europäischen Landesmeister-Wettbewerb: zuerst 1987 durch das Hackentor des Algeriers Madjer gegen den FC Porto und zwölf Jahre später gegen Manchester United. In jenem Spiel ließ sich der auf Abwehrchef umgeschulte 38-Jährige bei einer 1:0-Führung zehn Minuten vor Ende entkräftet auswechseln. Dann verloren die Bayern in der Nachspielzeit, und Mehmet Scholl sagte später, dass Matthäus dafür bekannt sei, sich aus dem Staub zu machen. Stefan Effenberg sprach von Matthäus als einem »Verpisser«. Das UEFA-Cup-Endspiel verlor Matthäus einmal, das DFB-Pokal-Finale dreimal, einmal mit Mönchengladbach im Jahre 1984 und deutlich fadem Beigeschmack. Vor dem Finale war bereits bekannt, dass Matthäus zum Finalgegner Bayern München wechselt. Im Elfmeterschießen, das Gladbach mit 6:7 verlor, verschoss Matthäus.

So viel Erfolg er bei allen Rückschlägen in seiner Karriere als Spieler hatte, so wenig Nachhaltiges hat Deutschlands Rekordnationalspieler (150 Länderspiele) im Job als Fußballtrainer bis heute leisten können. Nach mehr oder weniger kurzen Engagements bei Rapid Wien, Partizan Belgrad, als Nationaltrainer Ungarns, Übungsleiter bei Atlético Paranaense in Brasilien, Red Bull Salzburg, Maccabi Netanya in Israel und als Nationaltrainer Bulgariens ist Lothar Matthäus inzwischen »Experte« im Bezahl-Fernsehen und Kolumnist bei Axel Springers *Sport Bild*.

Leerer Blick, leere Akkus: Man konnte Lothar Matthäus – hier im Trikot von Borussia Mönchengladbach – nie vorwerfen, dass er nicht alles gegeben hätte.

erdg

Oliver Kahn

In seiner titanischen Weisheit zitiert Oliver Kahn auch gern mal Sokrates: »Wer meint, etwas zu sein, hat aufgehört, etwas zu werden.« Besser lässt sich jedoch Kahns eigene Leistungsphilosophie kaum in Worte fassen.

Geboren: 15. Juni 1969, Karlsruhe
In der Liga: 557 Spiele (0 Tore) für Karlsruher SC (1987–1994) und FC Bayern München (1994–2008)

Die Frage ist zulässig, weshalb Oliver Kahn in diesem Kapitel und nicht in dem über Torhüter behandelt wird. Denn Kahn ist ein herausragender, wenn nicht gar der beste Keeper seiner Zeit gewesen – weltweit. Dennoch hätte er diese Anerkennung nie erreicht, hätten ihn nicht urdeutsche Tugenden erst in die Weltklasse aufsteigen und ihn dreimal den Titel »Welttorhüter des Jahres« erringen lassen.

Oliver Kahn hat sich seine Karriere hart erarbeitet, in seiner Zeit als Jugendspieler des Karlsruher SC schaffte er nie den Sprung in die Jugendnationalmannschaft. Er galt als zu schmächtig. Entsprechend begann er mit dem Krafttraining, bis sein Körper immer mehr anschwoll und er nach drei Jahren im Profikader des KSC 1991 eine Schwächeperiode von Stammkeeper Alexander Famulla ausnutzte. Zwei Jahre später war er in der Nationalmannschaft bereits die Nummer drei hinter Bodo Illgner und Andreas Köpke. Nach dem Höhepunkt des KSC-Fußballwunders, dem Erreichen des Halbfinals im UEFA-Cup 1993/94, heuerte der strohblonde Kahn beim FC Bayern München an und gewann in den folgenden Jahren mit dem Verein so gut wie jeden Titel – auf nationaler und internationaler Ebene.

Mit dem KSC im UEFA-Cup-Halbfinale – mit den Bayern Champions-League-Sieger.

»Disziplin, Training, Ehrgeiz, Erfolg – also: Ziel und Zielerreichung«, so hat Kahn das Rezept seines Erfolges einmal knapp zusammengefasst. Eine Mechanik, die im nach dem Meisterschaftshattrick erreichten Champions-League-Finale von 2001 etwa dazu führte, dass er im Elfmeterschießen gegen Valencia drei Bälle abwehrte, damit zum Matchwinner wurde und die Katastrophe des in den Schlussminuten gegen Manchester United verlorenen Endspiels von 1999 überdeckte. Aber Kahns besessene Einstellung zeigte auch unschöne Ergebnisse, wie den Kung-Fu-Tritt gegen den Dortmunder Stéphane Chapuisat, die simulierte Biss-Attacke gegen dessen Teamkollegen Heiko Herrlich oder den Würgegriff gegen den Leverkusener Thomas Brdaric.

Die Qualifikation und die Endrunde der WM 2002 in Japan und Südkorea bildeten Kahns absoluten Höhepunkt. »Da hielt ich mich wirklich für ›King Kahn‹ und den ›Titanen‹. Wenn es so weit kommt, musst du erst wieder zu dir selbst finden«, sagte Kahn, der unglaublich spielte, zum besten Spieler des Turniers gewählt wurde, aber ausgerechnet im Finale einen Distanzschuss nicht festhalten konnte, sodass Brasiliens Ronaldo zur Vorentscheidung abstaubte. Und, was niemand für möglich gehalten hatte, danach verlor Kahn seinen Fokus.

In den zwei folgenden Jahren unterliefen dem Torwart immer wieder spielentscheidende Fehler. Und als Jürgen Klinsmann im Jahre 2004 die Nationalmannschaft übernahm, wurde zuerst Kahns Vertrauter, Torwarttrainer »Sepp« Maier, durch Andreas Köpke und dann – zwei Monate vor Start der WM 2006 im eigenen Land – Kahn selbst als Nummer eins durch Jens Lehmann ersetzt.

Doch statt, wie viele erwartet hatten, sofort zurückzutreten, gliederte Kahn sich ein und bekannte nachher altersweise: »Die WM war für mich als Mensch bedeutender, als hätte ich sie gespielt.« Zwei Jahre gönnte er sich noch im Tor des FC Bayern, dann verabschiedete er sich aus der Liga mit einem Double, seinem fünften insgesamt.

Sich klein zu machen, das stand für den »Titan« nie zur Debatte – nicht mal, als ein sogenannter Freiburger »Fan« ihn mit einem Golfball an der linken Schläfe traf. Scholls trockener Kommentar: »Jetzt lässt der Olli nicht mal mehr die Golfbälle rein.«

Geboren: 30. Dezember 1946, Büttgen
In der Liga (als Spieler): 419 Spiele (32 Tore)
für Borussia Mönchengladbach (1965–1979)
In der Liga (als Trainer): Bayer Leverkusen (2000/2001)

Berti Vogts

Die nüchterne, bisweilen schmucklose Art des Kickens, die Berti Vogts als Spieler populär gemacht hatte, spaltete übertragen auf den Job des Bundestrainers eine ganze Nation. Trotzdem gewann »Bundes-Berti« einen großen Titel.

»Ich musste im Leben immer den harten Weg gehen.«

Sie nannten ihn den »Terrier«, weil er, ob im Dress der deutschen Nationalmannschaft oder dem von Borussia Mönchengladbach, nie von seinem Gegenspieler abließ. Der Schumachersohn Hans-Hubert »Berti« Vogts aus dem niederrheinischen Büttgen wurde in der Fußballwelt da draußen zum Synonym des unerbittlichen deutschen Verteidigers. Klein gewachsen, kräftige Waden, mit denen man nie umfallen konnte, und einen nicht zu brechenden Einsatzwillen. »Berti« Vogts war ein fleißiger, ein bodenständiger, er war ein einfacher Spieler.

Mit zwölf hatte Vogts seinen Vater verloren, kurz darauf starb seine Mutter, er wuchs bei seiner Tante auf und lernte Werkzeugmacher. Es war der Fußball, der dem jungen »Berti« eine völlig neue Perspektive aufzeigte. Doch in Ermangelung herausragenden Talents musste sich die Karriere auf dem Rasen zuerst erarbeitet werden. »Ich musste im Leben immer den harten Weg gehen«, hat das CDU-Mitglied »Berti« Vogts einmal gesagt, »und darauf bin ich stolz.« Seinen größten Auftritt hatte Vogts unbestritten im WM-Finale 1974, als Nationaltrainer Helmut Schön ihn darauf ansetzte, den besten Mann der Niederländer dingfest zu machen. Vogts störte den genialen Johan Cruyff an diesem Nachmittag erheblich, sodass dieser wenig Gelegenheit hatte, dem Spiel der »Elftal« Impulse zu verleihen.

Nach seinem Rücktritt als Gladbacher Kapitän mit dem Gewinn des UEFA-Cups ging Vogts 1979 zum Deutschen Fußball-Bund, trainierte erfolgreich Juniorenmannschaften und wurde nach der WM 1990 Nachfolger von Weltmeister-Teamchef Franz Beckenbauer – und damit begannen die Probleme. Zwar erreichte Vogts' Mannschaft 1992 das EM-Finale, in dem sie gegen Dänemark unterlag, aber statt Anerkennung bekam Vogts im Nachgang schon zu spüren, dass man ihn, den unlockeren Biedermann, in diesem Amt nicht wollte. 1994, nach einer schrecklichen Vorstellung und dem WM-Aus gegen Bulgarien, wurde Vogts von der Presse per Rücktrittserklärung zum Abschuss freigegeben. Doch anstatt aufzugeben, besinnt sich Vogts seiner immer gleichen Tugenden. Er kämpft, er beißt sich fest, diesmal nicht an seinen Gegnern, sondern an seinem Job.

Mit dem Gewinn der Europameisterschaft 1996 erreichte der Trainer Vogts dann seinen Höhepunkt. Während des Turniers hatte er den Satz »Der Star ist die Mannschaft« geprägt – Beobachter sagten, diese Mannschaft hätte auch mit jedem anderen Trainer den Titel geholt. Zwei Jahre später ist er dann geschafft: Nach einer schrecklichen WM-Endrunde in Frankreich folgte Vogts' Rücktritt, zwei Monate nach dem Ausscheiden im Viertelfinale gegen Kroatien.

Vogts braucht Abstand, er bereist den Globus und wird 2000 Nachfolger des wegen Kokainkonsums geschassten Christoph Daum bei Bayer Leverkusen. Das Experiment »Vereinstrainer« geht gründlich schief.

Seither ist Vogts ein Weltenbummler mit Stationen als Nationaltrainer von Kuwait, Schottland, Nigeria und Aserbaidschan. Bei der WM 2014 debütiert er als freier Mitarbeiter im Stab seines ehemaligen Schützlings, des US-Cheftrainers Jürgen Klinsmann, seit 2015 ist er dort fest engagiert.

Als Spieler hochdekoriert: Neben Welt- und Europameistertitel gewann Berti Vogts mit der Gladbacher Borussia fünfmal die Deutsche Meisterschaft (1970, 1971, 1975, 1976, 1977), einmal den DFB-Pokal (1973) und zweimal den UEFA-Cup (1975, 1979).

ARTINI

Olaf Thon

Geboren: 1. Mai 1966, Gelsenkirchen
In der Liga: 443 Spiele (82 Tore) für FC Schalke 04 (1984–1988, 1994–2002) und FC Bayern München (1988–1994)

Auch wenn Olaf Thon sechs Jahre für die Bayern spielte, so blieb er doch im Herzen immer königsblau und führte die »Knappen« nach seiner Rückkehr 1997 zum UEFA-Cup-Sieg.

Auf die Frage nach seinem schönsten Erlebnis als Fußballer hat der Weltmeister und UEFA-Cup-Sieger Olaf Thon einmal geantwortet, das sei das 6:6 des FC Schalke 04 gegen Bayern München im Pokalhalbfinale von 1984 gewesen. Damals erzielte der am Vortag volljährig gewordene Thon im Trikot von Schalke drei Tore und erlangte, weil das Spiel im Fernsehen live gezeigt wurde, schlagartig bundesweite Prominenz.

Schalke und Bayern, das sind die beiden Vereine von Olaf Thon. Dieses klein gewachsenen, abseits des Platzes sehr bieder wirkenden Mannes mit dem Lebensmotto »Schuster, bleib bei deinen Leisten«. Auf Schalke war bis zum Fernsehinterview nach dem legendären 6:6 nicht bekannt, dass »Thöni« in Bayern-Bettwäsche schlief. Übel genommen haben sie ihm das auf Schalke erst, als ihr Kapitän Thon nach dem Abstieg 1988 nach München wechselte.

Bis dahin hatte der im Alter von 17 Jahren in die Lizenzspielermannschaft des FC Schalke 04 aufgerückte, außergewöhnlich talentierte Thon das Offensivspiel seines Vereins gekonnt geleitet, war in die Erste Liga aufgestiegen und Nationalspieler geworden. Nach seinem Wechsel zu den Bayern wurde Thon dort dreimal Meister (1989, 1990, 1994) und vom Mittelfeldspieler zum Libero umfunktioniert. Die vierte Meisterschaft seiner Karriere, die immer wieder von schlimmen Verletzungen unterbrochen wurde, verhinderte dann ausgerechnet der FC Bayern. Im Sommer 2001 bejubelte der Ersatzspieler Thon samt Mannschaftskollegen und Fans im heimischen Parkstadion bereits die erste Schalker Meisterschaft seit 1958, als der Schwede Patrik Andersson in Hamburg einen Freistoß zum 1:1 ins Tor drosch und die Bayern durch diesen Treffer doch noch Meister wurden.

Spielübersicht und präzise Pässe waren Thons Stärken, dessen Karriere leider von schweren Verletzungen überschattet war.

Geboren: 5. September 1967, Dresden
In der Liga (als Spieler): 178 Spiele (41 Tore) für VfB Stuttgart (1990–1992) und Borussia Dortmund (1993–1998)
In der Liga (als Trainer): Borussia Dortmund (2000–2004) und VfB Stuttgart (2004/2005)

Matthias Sammer

Er war die Leitfigur des ausklingenden DDR-Fußballs und sorgte auch in der BRD für Furore. Zunächst als Spieler, als Europameister – heute als meinungsstarker Vorstand Sport des FC Bayern München.

Über 1000! Über 1000 Tore, sagt Matthias Sammer, habe er allein in der Jugend erzielt. Später, bei den Erwachsenen, waren es nicht ganz so viele, dennoch waren ein paar sehr bedeutende dabei. Wie etwa jene zwei Treffer am 12. September 1990 im letzten Länderspiel der DDR in Belgien. Drei Monate später, gegen die Schweiz, war Sammer der erste »Ossi«, der nach der Wende in einer DFB-Nationalmannschaft eingesetzt wurde.

Nach seinem Wechsel von Dynamo Dresden zum VfB Stuttgart, der mit ihm als herausragendem Spieler am letzten Spieltag der Saison 1991/92 Deutscher Meister wurde, ging der ehrgeizige Sammer 1992 zu Inter Mailand – ein Missverständnis. Nach einem halben Jahr hatte die Bundesliga ihn wieder, und bei Borussia Dortmund entwickelte er sich im Mittelfeld sowie später als Libero zu jenem Führungsspieler, der zwei Meistertitel (1995, 1996) und die Champions League (1997) gewann. 1996 war der Nationalspieler maßgeblich am Gewinn der Europameisterschaft in England beteiligt.

Matthias Sammer ist ein wertkonservativer Charakter: Disziplin, Wille, Durchsetzungsvermögen, Siegermentalität und Stolz, den Adler zu tragen, hält der Sachse Sammer für die zentralen Tugenden eines deutschen Fußballers.

Eine böse Knieverletzung erzwingt schließlich das Karriereende. Schlagerliebhaber Sammer wird im Alter von 32 Jahren Trainer, zunächst in Dortmund, wo er erst den Abstieg verhindert und zwei Jahre später die Deutsche Meisterschaft gewinnt. Kurz versucht er sich in Stuttgart, dann übt er sechs Jahre den krisensicheren Job des DFB-Sportdirektors aus, den er kündigt, um seit Sommer 2012 als »Vorstand für Lizenzspielerangelegenheiten« beim FC Bayern München zu amtieren.

Leidenschaft pur: Wegen seiner leicht cholerischen Ader bekam Matthias Sammer den Spitznamen »Motzki« verpasst.

Willi Schulz (l.) und Bernard Dietz (r.) gehörten zu der Sorte Fußballer, für die »ehrliche Ballarbeit« im Vordergrund stand. Die beiden Abwehrrecken westfälischer Herkunft können trotz großer Karrieren auf keinen Bundesliga-Titel zurückblicken.

Willi Schulz

Als Beruf hatte Willi Schulz Feinmechaniker gelernt, als Fußballer war er ein Grobmotoriker. »Ausputzer« nannte man den Job, den Schulz in den 1960er- und 1970er-Jahren verrichtete. Der lange Westfale spielte keinen Fußball, er zerstörte ihn. »Das Leben könnte so schön sein, wenn es den säbelbeinigen Schulz nicht gäbe«, soll der große Pelé einmal gesagt haben.

Bereits als Amateur des Wattenscheider Vereins Union Günnigfeld wurde Schulz Nationalspieler. Weder mit der Union noch später in den Trikots von Schalke und dem HSV gewann Schulz jemals einen Titel, dafür war er entscheidend an den zwei berühmtesten Niederlagen der deutschen Nationalmannschaft beteiligt: Im WM-Finale 1966 kam Schulz – Nom de guerre: »World-Cup-Willi« – zu spät, um jenen Schuss von Geoff Hurst, der zum 2:3 von der Latte auf die Torlinie prallte, abzublocken. Und vor dem 3:4 beim WM-Halbfinale 1970 gegen Italien, dem »Spiel des Jahrhunderts«, verlor er den entscheidenden Zweikampf gegen Roberto Boninsegna.

Besser lief es dann im richtigen Leben: Schulz, schon als Spieler für sein Verhandlungsgeschick gefürchtet, wurde ein erfolgreicher Unternehmer in der Versicherungs- und Automatenbranche.

Geboren: 4. Oktober 1938, Wattenscheid
In der Liga: 263 Spiele (5 Tore) für FC Schalke 04 (1963–1965) und Hamburger SV (1965–1973)

Bernard Dietz

Wenn der Verein nach einem benannt wird, spielt man selbst als Kapitän der deutschen Nationalmannschaft beim MSV Duisburg. »MSV Dietzburg« riefen die Fans ihren Klub zur großen Zeit des Bernard Dietz. Von 1970 bis 1982 verteidigte dieser für die »Zebras«, und noch Jahrzehnte später, 2005, setzte der MSV seinem größten Spieler ein Denkmal – das Vereinsmaskottchen erhielt den Spitznamen des Verteidigers: »Ennatz«.

Dass man ihn nicht vergessen hat, macht ihn ein wenig stolz, mehr nicht. Eitelkeit ist Bernard Dietz völlig fremd. Zu einer Zeit, als die Fußballprofis längst Starkult umgab, behielt sich der Bergarbeitersohn aus dem Westfälischen seine Bodenständigkeit. Dietz war fair, korrekt und selbstlos – ein idealer Kapitän.

Da es mit dem MSV Duisburg noch nie etwas zu gewinnen gab, wechselte er zum FC Schalke 04 – und stieg dort sofort in die Zweite Liga ab. Seinen größten Moment hatte Dietz in der Nationalmannschaft, als er 1980 in Rom durch ein 2:1 gegen Belgien Europameister wurde. Wie er sich als Kapitän damals fühlte, hat er später mal erzählt: »Ich dachte nur: ›Ach, du Scheiße, jetzt musst du da hoch zur Siegerehrung, du, der Dietz Bernard aus Bockum-Hövel‹.«

Geboren: 22. März 1948, Bockum-Hövel
In der Liga: 495 Spiele (76 Tore) für MSV Duisburg (1970–1982) und FC Schalke 04 (1982/83 und 1984–1987; Schalke war in der Saison 1983/84 Zweitligist)

Hart zum Gegner und hart zu sich selbst: Während Jürgen Kohler (l.) seinen Gegenspielern gern im Tiefflug den Ball vom Fuß grätschte, rannte Hans-Peter Briegel seine Widersacher in Grund und Boden.

Jürgen *Kohler*

Mit Jürgen Kohlers letztem Spiel endete 2002 eine Ära. Seither jedenfalls kennt die Bundesliga keinen »Fußballgott« mehr. Denn so riefen die Fans den letzten großen Vertreter einer urteutonischen Position.

Jürgen Kohler war Vorstopper. Im gefürchteten Stall von Waldhof Mannheim erlernte er die Rolle des Kettenhunds, fortan grätschte er für Köln, Bayern, Juventus Turin und Dortmund und schaffte es dabei, jeden Stürmer an die Kandare zu legen – mit einer Ausnahme: der Niederländer Marco van Basten, der ihm in legendären Duellen so manches Mal entkam.

Trotzdem gewann der »Kokser« alle Titel: WM, EM, Champions League, und 1997 wurde er gar zu Deutschlands »Fußballer des Jahres« gewählt – als zweiter Vorstopper nach einem anderen Waldhof-Buben, dem legendären Karlheinz Förster.

Raumdeckung, Viererkette und der ganze andere neumodische Kram haben die Position des Vorstoppers entsorgt. Ein deutliches Zeichen dafür ließ sich in Jürgen Kohlers letztem Auftritt als Profi finden. Im UEFA-Cup-Finale zwischen Dortmund und Feyenoord Rotterdam (2:3) wurde er nach einer halben Stunde vom Platz gestellt.

Geboren: 6. Oktober 1965, Lambsheim
In der Liga: 398 Spiele (28 Tore) für SV Waldhof Mannheim (1983–1987), 1. FC Köln (1987–1989), FC Bayern München (1989–1991) und Borussia Dortmund (1995–2002)

Hans-Peter *Briegel*

Wer einmal nach Albanien kommt und dort Menschen trifft, die auf den Namen »Briegel« hören – nicht erschrecken! Das ist nur ein weiteres Kuriosum in einer der unfasslichsten deutschen Fußballerkarrieren. Hans-Peter Briegel war eigentlich gar kein Fußballer, sondern Zehnkämpfer. Erst mit 17 wechselte er das Metier. Als er drei Jahre später, 1976, für den 1. FC Kaiserslautern in der Bundesliga debütierte, mussten selbst eigene Fans lachen – so unbeholfen stellte er sich mit dem Ball an. Bald wurde er vom Stürmer zum Außenverteidiger umfunktioniert, und tatsächlich: Briegel brachte es zum Nationalspieler. »Die Walz aus der Pfalz« rannte einfach alle in Grund und Boden.

Derlei deutsche Tugenden haben sie in Italien immer besonders geschätzt. Hellas Verona kaufte Briegel 1984 und ließ sich von ihm gleich zur einzigen Meisterschaft der Klubgeschichte inspirieren. Daraufhin wurde der Pfälzer als erster »Auslandsdeutscher« zum deutschen »Fußballer des Jahres« gewählt, in Italien feierten sie ihn als »macchina«, zum Namenspatron aber wurde er erst Jahre später in Albanien – weil er die Nationalelf als Trainer zu historischen Siegen über Griechenland und Russland führte.

Geboren: 11. Oktober 1955, Rodenbach
In der Liga: 240 Spiele (47 Tore) für 1. FC Kaiserslautern (1976–1984)

Baller-männer

Uwe Seeler

Ulf Kirsten

Jürgen Klinsmann

Robert Lewandowski

Thomas Müller

Marco Reus

Miroslav »Miro« Klose

Lothar Emmerich

Manfred Burgsmüller

Hannes Löhr

Klaus Allofs

Gerd Müller

Josef »Jupp« Heynckes

Rudolf »Rudi« Völler

Klaus Fischer

3.

Geboren: 5. November 1936, Hamburg
In der Liga (als Spieler): 239 Spiele (137 Tore) für den Hamburger SV (1963–1972)
In der Liga (als Präsident): Hamburger SV (1995–1998)

Uwe Seeler

Spieler wie Uwe Seeler sind heute nur noch selten in der Bundesliga zu finden. Er gilt als Musterbeispiel für Bescheidenheit und Vereinstreue – und ganz nebenbei war »uns Uwe« ein Weltklasse-Stürmer.

Im April 1961 kam Helenio Herrera nach Hamburg. Der Argentinier war Trainer von Inter Mailand und im Begriff, eine Mannschaft aufzubauen, die wenig später mit kargem, defensiv gesteuertem Berechnungsfußball große internationale Erfolge feiern sollte. Abwehrspieler hatte Herrera hinreichend beisammen, ihm fehlte aber ein Stürmer. Deswegen war der Trainer nach Hamburg gekommen. Er wollte den 25-jährigen Uwe Seeler verpflichten. Als nach drei Tagen des Verhandelns im vornehmen »Hotel Atlantik« das Angebot Inters für den Mittelstürmer der deutschen Nationalmannschaft bei einer für damalige Verhältnisse übergeschnappten Million Mark Handgeld und einer halben Million Jahresverdienst lag, winkte Seeler ab. Herrera war fassungslos: »So etwas habe ich noch nie erlebt.« »Es war eine Bauchentscheidung«, erklärte Seeler später.

Dem Hamburger SV ist Uwe Seeler genauso treu geblieben wie jenem weißen Vorortklinkerhaus, in dem er seit 1958 wohnt. 320 Mark Aufwandsentschädigung gab es zu Beginn seiner HSV-Karriere pro Monat, dann 400, und als 1963 die Bundesliga und damit offiziell der Berufsfußball in Deutschland eingeführt wurden, verdiente Superstar Seeler 1250 Mark brutto. Das rief auch in konjunkturstärkeren Zeiten nach einem Zweitjob: Als Vertreter des Sportartikelherstellers Adidas für Norddeutschland päppelte Seeler sein Gehalt ab 1961 deutlich auf. 60 000 bis 80 000 Autokilometer legte er dafür damals jährlich zurück.

Im Alter von neun Jahren hatte Uwe Seeler mit dem Fußballspielen beim HSV begonnen, mit 16 und einer Ausnahmegenehmigung debütierte er in der ersten Mannschaft des Klubs im Stadion am Rothenbaum gegen Göttingen 05. Im Jahr darauf war Seeler bereits Nationalspieler. Viele große Erfolge hat Seeler, dessen älterer Bruder Dieter ebenfalls für den HSV aktiv war, mit seinem Verein indes nicht erringen können. Nachdem er 1957 und 1958 zweimal im Endspiel um die Deutsche Meisterschaft den Revierklubs Borussia Dortmund (1:4) und Schalke 04 (0:3) unterlegen war, reichte es 1960 dann für Seeler zum ersten und einzigen Meistertitel (3:2 gegen den 1. FC Köln). Es war auch das Jahr, in dem erstmals ein »Fußballer des Jahres« in Westdeutschland gekürt wurde – auch diese Auszeichnung ging an Seeler. 1963 wurden der HSV und sein Kapitän Deutscher Pokalsieger. In die Geschichte der Fußball-Bundesliga ging Uwe Seeler zum Ende der Saison 1963/64 mit 30 Treffern als ihr erster Torschützenkönig ein. 1972 endete »uns Uwes« Laufbahn mit einem Spiel gegen eine Weltauswahl.

Für den HSV hat Seeler nicht nur als Spieler und später von 1995 bis 1998 – unglücklich – als Präsident gewirkt. Im Verein hat er auch seine Frau Ilka kennengelernt, die dort Leichtathletik und Feldhandball betrieb. Und doch ist Seeler seinem HSV einmal fremdgegangen. Am 23. April 1978 schnürte er für den Cork Celtic Football Klub in Irland seine Stiefel. Im Heimspiel der Ersten Liga gegen die Shamrock Rovers sorgte Seeler bei der 2:6-Niederlage für die beiden Tore der Gastgeber. Der Einsatz des deutschen Fußballidols war eine Idee der irischen Adidas-Vertretung gewesen; prominente Gastspieler waren im nach Aufmerksamkeit gierenden irischen Ligafußball jener Tage keine Seltenheit. Daran, dass Cork Celtic im Jahr nach diesem Spiel aufgelöst wurde, traf Uwe Seeler allerdings keine Schuld.

Erster Torschützenkönig der 1963 gegründeten Ersten Fußball-Bundesliga.

18 Jahre lang schnürte Uwe Seeler seine heiß geliebten Adidas-Treter für die erste Mannschaft des HSV, davon neun Jahre in der Ersten Bundesliga.

Geboren: 4. Dezember 1965, Riesa
In der Liga: 350 Spiele (182 Tore) für Bayer Leverkusen (1990-2003)

Ulf Kirsten

Der ehemalige DDR-Auswahl-Trainer Eduard Geyer prägte einmal den Satz: »Dort, wo andere den Fuß wegziehen, geht Kirsten mit dem Kopf hin« – und beschreibt damit Mentalität und Torhunger des Ausnahmestürmers äußerst treffend.

Ein DFB-Pokal-Sieg und vier Vizemeisterschaften mit Bayer Leverkusen in 13 Jahren.

Es gibt nicht viele Spieler, die gleich in ihrem ersten Bundesliga-Spiel ein Tor gegen den großen FC Bayern München erzielen konnten. Ulf Kirsten konnte und entwickelte sich in den 1990er-Jahren zu einem der besten Stürmer Deutschlands. Maßgeblich war der wegen seines dunklen Haupthaares »der Schwatte« genannte Kirsten in jenen Tagen am Aufstieg der ehedem als »Werkself« geschmähten Mannschaft von Bayer Leverkusen beteiligt.

Doch auch der Vereinsrekordtorschütze Kirsten hat mit seinen 182 Toren in 350 Bundesliga-Einsätzen in 13 Jahren für Bayer nicht verhindern können, dass der Klub als »Vizekusen« in die Geschichte der Liga eingegangen ist. Zwischen 1997 und 2002 wurden Kirsten und Bayer nicht weniger als viermal Vizemeister – und am Ende seiner Nach-Wende-Karriere blieb Kirsten gerade mal ein einziger Titel: der des DFB-Pokal-Siegers 1993, den der aggressive Angreifer durch ein spätes Tor gegen die Amateure von Hertha BSC Berlin gesichert hatte.

In der DDR war Kirsten erfolgreicher gewesen. Mit Dynamo Dresden hatte er binnen sieben Jahren in der Oberliga ebenfalls einen guten Toreschnitt (57 Tore in 154 Spielen) hingelegt und mehr Titel als im Westen gewonnen: zweimal die Meisterschaft und dreimal den Pokal.

Um ein Haar übrigens wäre Kirsten, der »Fußballer des Jahres« 1990 (DDR), nach der Wende gar nicht bei Bayer Leverkusen gelandet, denn er hatte längst einen Vorvertrag mit dem VfL Bochum abgeschlossen. Aber dann brachte Leverkusens Manager Reiner Calmund den großen Geldkoffer mit und sicherte Bayer nach dem Ostberliner Andreas Thom auch den Dresdner Kirsten – bessere Stürmer gab es damals im Osten nicht abzugreifen. »Wenn keiner ruft: ›Kirsten du Arschloch‹, weiß ich genau, dass ich schlecht bin«, hat Ulf Kirsten einmal gesagt. Demnach hat er das A-Wort häufig hören müssen, denn allein dreimal sicherte er sich in der Bundesliga die rustikale Torjägerkanone, mit der alljährlich der treffsicherste Schütze ausgezeichnet wird. 1992/93 waren es 20 Kirsten-Tore, 1996/97 und 1997/98 jeweils 22 Treffer binnen einer Saison. Und immer tönten dazu die dumpfen »Ulfulfulfulfulf«-Rufe durch das Leverkusener Stadion.

Kirsten hat auch die dunkelsten Stunden Bayer Leverkusens miterlebt. Im Jahre 2002 verlor die Mannschaft die Meisterschaft, das Pokalfinale und schließlich noch das Endspiel in der Champions League. Der Schock über das dreifache Scheitern saß so tief, dass Bayer zwölf Monate später, in der letzten Bundesliga-Saison von Ulf Kirsten, fast abgestiegen wäre.

Tatenlos hatte der inzwischen als Stand-by-Profi agierende Kirsten mit ansehen müssen, wie sein Verein immer tiefer abrutschte. Lediglich auf drei jeweils späte Einwechslungen hatte es der 37-Jährige gebracht.

Am letzten Spieltag der Saison musste Leverkusen in Nürnberg ran, wo man im Jahr zuvor die Meisterschaft verspielt hatte. Diesmal gewann man aber mit 1:0, und weil Hannover 96 bei Arminia siegte, konnte Bayer die Erste Liga halten. Als alles vorbei war, saß Ulf Kirsten, der nicht zum Einsatz gekommen war, im Nürnberger Stadion und weinte.

»Der Schwatte« in Jubelpose: Aspirin brauchten nach seinen Auftritten eher die Gegenspieler.

adidas
ASPIRIN
adidas
TRET
2

Jürgen Klinsmann

Zu seiner aktiven Zeit galt »Klinsi« als ehrgeizig, erfolgsorientiert und knallharter Verhandlungspartner. Zu diesen Eigenschaften gesellte sich in seiner Trainerlaufbahn auch die Vision vom schnellen, attraktiven Fußball samt mitreißender Motivationskunst.

Geboren: 30. Juli 1964, Göppingen
In der Liga (als Spieler): 221 Spiele (110 Tore) für VfB Stuttgart (1984–1989) und FC Bayern München (1995–1997)
In der Liga (als Trainer): FC Bayern München (2008/09)

Wenn er traf, dann lief er mit nach vorn gebeugtem Oberkörper und weit aufgerissenen Armen los. Lief und lief und lief, bis seine Mitspieler ihn unter sich begruben. Oder er machte den Tottenham-Fans selbstironisch den »Diver«, weil er in England den Ruf genossen hatte, ein Schwalbenkönig (»Diver«) zu sein. Und wenn Jürgen Klinsmann mal gar nicht traf und ausgewechselt wurde, dann trat er schon mal wütend ein Loch in eine im Weg stehende Werbetonne aus Pappe.

Gerade einmal sieben Jahre spielte der ehrgeizig-sture Bäckersohn aus dem Stuttgarter Stadtteil Botnang in der Fußball-Bundesliga: 221 Spiele Zeit, stattliche 110 Tore für den VfB Stuttgart und Bayern München zu erzielen. Schon in der D-Jugend war er »geil darauf, Tore zu machen. Wenn er zwei machte, wollte er fünf, wenn er fünf machte, wollte er sieben«, wie das sein damaliger Trainer Werner Gass später einmal ausdrückte.

Einen seiner schönsten Treffer in der Liga markierte Klinsmann 1987 im Trikot des VfB Stuttgart gegen seinen späteren Verein Bayern München. Nach einer Volleyhereingabe vom rechten Flügel hob der Mittelstürmer im Sechzehner ab und netzte per Fallrückzieher formvollendet ein. Im weiteren Verlauf seine Karriere gelangen Klinsmann ähnlich beeindruckende Treffer sowohl für Inter Mailand, AS Monaco, Tottenham Hotspur als auch für die Bayern, aber dieser eine von 1987 – auch wenn er nur das »Ehrentor« einer 1:3-Heimniederlage markierte – wurde zum »Tor des Jahres« gekürt.

Doch Jürgen Klinsmann war nicht nur der Mann der schönen Tore und des mitreißenden Jubelns. Wenn es ums Geschäftliche ging, war er in allererster Linie Schwabe: Klinsmann handelte sehr gute Verträge aus. So ließ er bei Bayern und Tottenham eine einseitige Ausstiegsklausel in die Kontrakte aufnehmen, die ihm jeweils ablösefreie Wechsel ermöglichte. Bei seinem zweiten, kurzen Tottenham-Gastspiel 1997 erhielt er die verlangte Stammplatzgarantie, was zum zügigen Zerwürfnis mit dem Schweizer Spurs-Trainer Christian Gross führte.

Seine Karriere als Spieler beendete Jürgen Klinsmann mit einer Niederlage. Nach dem 0:3 gegen Kroatien im Viertelfinale der WM 1998 im französischen Lyon zog er sich mit seiner Familie nach Kalifornien zurück, bis er von dort im Sommer 2004 plötzlich wieder auftauchte. »Die Fans haben den Wunsch und die große Hoffnung, dass wir 2006 im eigenen Land Weltmeister werden. Das ist auch meine Zielsetzung«, sagte Klinsmann, übernahm die deutsche Fußballnationalmannschaft und beendete das Turnier viel umjubelt auf Platz drei. Die einen sagen, »Klinsi« habe die eingefahrenen Strukturen im DFB aufgebrochen. Die anderen sprechen von Vetternwirtschaft, weil der Trainer ausschließlich Günstlinge um sich herum geschart und Kritiker – wie etwa Torwarttrainer Sepp Maier – zielsicher entfernt habe.

»Vielleicht passe ich nicht zu den Bayern.«

Im Juli 2008 beginnt der noch nie bei einem Verein als Trainer beschäftigte Klinsmann als Nachfolger von Ottmar Hitzfeld beim FC Bayern München, ausgerechnet bei jenem Verein also, von dem sich der Spieler Klinsmann neun Jahre zuvor mit den Worten verabschiedet hatte: »Vielleicht passe ich nicht zu dem Klub.« Klinsmann sollte Recht behalten, fünf Spieltage vor Ende seiner ersten Saison als Trainer auf der Bayern-Bank wird er entlassen. Die Bundesliga sieht ihn nie wieder.

Als könnte er es selbst kaum fassen, dass der Ball drin ist: Im Trikot des VfB Stuttgart wurde Jürgen Klinsmann in der Saison 1987/88 mit 19 Treffern Torschützenkönig der Bundesliga.

Zwei der erfolgreichsten Bundesliga-Stürmer der letzten Jahre – und nachdem er vier Jahre für Borussia Dortmund auf Torejagd ging, ist Robert Lewandowski (l.) inzwischen Teamkollege des Münchener WM-Torschützenkönigs Thomas Müller.

Robert Lewandowski

Robert Lewandowski ist ein echter Profi. Nachdem seine Berater ihn im Frühjahr 2013 – vor Ablauf seines Vertrags – von Borussia Dortmund zum FC Bayern München transferieren wollten, der BVB das aber nicht zuließ, hatte Lewandowski seine beste Zeit in Schwarz-Gelb. Zunächst schoss er den BVB – mit unter anderem vier Treffern im Halbfinale gegen Real Madrid – ins Endspiel der Champions League gegen die Bayern. Dann verabschiedete er sich 2014 mit 20 Treffern als Bundesliga-Torschützenkönig.

Dabei hatte die Liason zwischen »Lewi« und dem BVB alles andere als aufregend begonnen. Für 4,75 Millionen Euro kaufte der Revierklub den Torschützenkönig der polnischen Ekstraklasa im Sommer 2010 von Lech Posen – doch »Lewi« ballerte bei Borussia nicht einfach so weiter. »Lewandoofski« schrieb eine Zeitung. Er brauchte Zeit für die Umstellung, nach acht im ersten, waren es im zweiten Jahr schon 20 Tore, und als er 2014 nach Ablauf seines Vertrags zum FC Bayern wechselte, sagte BVB-Trainer Jürgen Klopp ganz richtig: »Wir haben einen Superstürmer verpflichtet, und wir verlieren einen Weltklassestürmer.«

Geboren: 21. August 1988, Warschau (Polen)
In der Liga: 162 Spiele (91 Tore) für Borussia Dortmund (2010–2014) und FC Bayern München (seit 2014)

Thomas Müller

Es ist nicht vorstellbar, dass Thomas Müller irgendwann einmal für einen anderen Verein als den FC Bayern München in der Bundesliga spielen wird. Der gebürtige Oberbayer ist mit diesem Verein verwoben, seit er im zarten Alter von elf Jahren seinen Heimatverein TSV Pähl verlassen hat. Im Trikot des FC Bayern hat Müller alles Mögliche gewonnen: den DFB-Pokal, die Meisterschaft, den deutschen Supercup, die Champions League, die FIFA-Klub-WM – nur Weltmeister ist er 2014 in weißen DFB-Leibchen geworden. Vier Jahre zuvor war er bei der WM-Endrunde in Südafrika erfolgreichster Torjäger des Turniers. Was also bleibt für einen wie Thomas Müller, der das Abitur irgendwann zwischendrin ja auch noch mitgenommen hat? Erst einmal weiterspielen für den FC Bayern. Denn als im Sommer 2014 Gerüchte um einen Wechsel des Spielers zu Manchester United aufkamen, konterten die Bayern klassisch. Sie verlängerten Müllers Vertrag bis Sommer 2019. Wobei man sagen muss, dass Thomas Müller dann ja auch erst einmal 29 Jahre alt sein wird. Aber in der Bundesliga noch einmal wechseln? Sicher nicht.

Geboren: 13. September 1989, Weilheim
In der Liga: 193 Spiele (71 Tore) für FC Bayern München (seit 2008)

Während Marco Reus (l.) noch auf seinen ersten großen Titel wartet, hat Miroslav Klose den Wandschrank daheim voll mit nationalen und internationalen Trophäen.

Marco *Reus*

Manchmal muss man einen Umweg nehmen, um schließlich dort anzukommen, wo man immer schon hinwollte und auch hingehört. Marco Reus wurde in Dortmund geboren, durchlief die Jugend von Borussia Dortmund, und im Prinzip hätte alles für eine große Karriere in Schwarz-Gelb gesprochen, wäre da nicht der schmächtige Körperbau des technisch zweifelsfrei hoch versierten Spielers gewesen.

So gab ihn der BVB in der B-Jugend im Verbund mit Kevin Großkreutz zu Rot-Weiß Ahlen ab, in deren U-Mannschaften der offensive Reus mit vielen Toren auf sich aufmerksam machte. Schnell stieg er in die erste Mannschaft des Vereins auf, als Joker von der Bank trug er zum Aufstieg in die Zweite Bundesliga bei, da meldete sich Borussia Mönchengladbach. Eine Million Euro zahlten die Gladbacher den Ahlenern im Sommer 2009, drei Sommer später wechselte Reus für 17 Millionen zu jenem Klub, der sein ganzes Potenzial ein paar Jahre zuvor nicht richtig überblicken können hatte. Übel genommen hat Reus seinem BVB diese Fehleinschätzung nicht. Trotz zahlreicher Offerten hat er 2015 den Vertrag in seiner Heimatstadt bis 2019 verlängert.

Geboren: 31. Mai 1989, Dortmund
In der Liga: 178 Spiele (73 Tore) für Borussia Mönchengladbach (2009–2012) und Borussia Dortmund (seit 2012)

Miroslav *Klose*

Die SG Blaubach-Diedelkopf hat durch ihn Weltstatus erreicht. Jahre bevor Miroslav Klose 2014 WM-Rekordtorschütze und Weltmeister geworden ist, unternahm der gebürtige Pole Klose bei diesem Verein aus der Westpfalz die ersten Schritte. Elf Jahre spielte Klose für die SG, dann folgte er dem unwiderstehlichen Ruf des »Betze«.

Über die zweite Mannschaft spielte sich Klose ins Bundesliga-Team des 1. FC Kaiserslautern, wo er im zweiten Jahr prächtig funktionierte. 16 Treffer erzielte er und verpasste nur um zwei Zähler die Torjägerkanone, Klose wurde Nationalspieler und schoss bei seinem Debüt gegen Albanien in der WM-Qualifikation ein eminent wichtiges Tor.

Als den FCK Geldprobleme plagten, wurde Klose nach Bremen verkauft, wo er 2006 erstmals Torschützenkönig wurde. 2007 wechselte er zum FC Bayern, seit 2011 trägt »Miro« das Trikot von Lazio Rom. Die SG Blaubach-Diedelkopf übrigens gibt es nicht mehr. Am Tag, nach dem Klose mit seinem 16. WM-Treffer den bisherigen Rekordtorjäger Ronaldo übertroffen hatte, wurde der Spielbetrieb eingestellt. Nach 65 Jahren. Der Verein war hoch verschuldet.

Geboren: 9. Juni 1978, Opole (Polen)
In der Liga: 307 Spiele (121 Tore) für 1. FC Kaiserslautern (2000–2004), SV Werder Bremen (2004–2007) und FC Bayern München (2007–2011)

Zwei Vollblutstürmer, die in die Annalen des BVB eingegangen sind: Lothar Emmerich (l.) wurde im Trikot der Borussia zweimal Bundesliga-Torschützenkönig. »Manni« Burgsmüller (r.) hält mit 135 Toren den Dortmunder Vereinsrekord.

Lothar Emmerich

Wer weiß schon, was Lothar Emmerich noch erreicht hätte, wäre er nicht Opfer einer Finanzkrise geworden. 1969 war Borussia Dortmund so pleite, dass der Verein Emmerich gegen dessen Willen (»Ich bin doch ein Dortmunder Jung!«) für 175 000 Mark an den Antwerpener Vorortverein Koninklijke Beerschot Voetbal en Atletiek Klub verkaufte. Emmerich, damals 27 Jahre alt, kickte drei Jahre in Belgien, danach zwei in Österreich, weshalb seine Bundesliga-Bilanz bei 115 Toren in 183 Spielen stehenblieb – oder 0,63 Toren pro Spiel. Das ist bis heute – und nach jenem von Branchenführer Gerd Müller – der zweitbeste Schnitt.

Eigentlich mussten die Mitspieler nur seinem berühmten Befehl »Gib mich die Kirsche!« folgen – und »Emma« versenkte selbige mit seiner berühmten »linken Klebe«. Das Prinzip funktionierte nie besser als 1966: Da war er zum ersten Mal Torschützenkönig mit 31 Treffern; 1967 teilte er sich die »Krone« mit Gerd Müller. Außerdem verhalf Emmerich dem BVB 1966 mit 14 Toren zum Gewinn des Pokals der Pokalsieger, dem ersten Europacup-Sieg eines deutschen Klubs. 2003 starb Lothar Emmerich – am Beginn der größten Finanzkrise seines BVB, in der es um etwas mehr ging als nur ein paar Hunderttausend Mark.

Geboren: 29. November 1941, Dortmund-Dorstfeld
Gestorben: 13. August 2003, Hemer
In der Liga: 183 Spiele (115 Tore) für Borussia Dortmund (1963–1969)

Manfred Burgsmüller

Nicht auszuschließen, dass Manni Burgsmüller, Jahrgang 1949, irgendwann noch mal bei Olympischen Spielen antreten wird, im America's Cup oder bei der Rallye Dakar. Was den Abschied vom Sport betrifft, hat Burgsmüller jedenfalls niemals nie gesagt, und Altersfragen sind in seinem Fall ohnehin anders zu bewerten. Grob gerechnet entspricht ein normales Sportlerjahr zwei »Burgsmüller-Jahren«. Seinen einzigen Fußballtitel, die Meisterschaft mit Werder Bremen, feierte er mit 38. Später, mit 48 und 50, kickte er das American Football-Team Rhein Fire aus Düsseldorf zweimal zum Gewinn der »World Bowl«.

Begünstigt hat den rüstigen Senior ein steter Lebenswandel, aber wohl auch die Tatsache, dass er sich nie über die Maßen verausgabt hat. Burgsmüller lauerte im Strafraum auf seine Chancen, nicht selten ergaunerte er sich seine Tore, weshalb er als sogenanntes Schlitzohr gehandelt wird. Für Rot-Weiß-Essen (32), Borussia Dortmund (135, Klubrekord), den 1. FC Nürnberg (12) und SV Werder Bremen (34) schoss er so 213 Bundesliga-Tore – was immerhin Platz vier in der ewigen Torschützenliste bedeutet.

Geboren: 22. Dezember 1949, Essen
In der Liga: 447 Spiele (213 Tore) für Rot-Weiß Essen (1969–1971 und 1974–1976), Borussia Dortmund (1976–1983), 1. FC Nürnberg (1983/84) und SV Werder Bremen (1985–1990)

Drei Jahre, nachdem Hannes Löhr (l.) seine Karriere in Köln beendet hatte, wechselte Klaus Allofs für die damalige Rekordsumme von 2,25 Mio. Mark zum FC. Unter dem Trainer Löhr wurde Allofs dann 1985 mit 26 Treffern Torschützenkönig.

Hannes Löhr

Hannes Löhr und der 1. FC Köln waren einander so innig verbunden, dass sie lange nicht voneinander loskamen. 1964 debütierte der schnelle Linksaußen im Trikot des Deutschen Meisters, 1978 hängte er seine Fußballtreter an einen der Nägel im Geißbockheim – erneut hatte der FC die Meisterschaft gewonnen. Tatsächlich wollte Löhr eigentlich schon drei Jahre zuvor aufhören, aber immer wieder wurde er zum Weitermachen überredet. Am Ende hat es sich gelohnt: Löhr hätte sonst weder den Vereinsrekord von 166 Toren aufgestellt, noch jemals die Deutsche Meisterschaft gewonnen. Am Meistertitel von 1978 – dem letzten des FC bis heute – war Löhr in zweifacher Weise beteiligt: als Spieler (erste Saisonhälfte) und als Co-Trainer (zweite Saisonhälfte).

Ein fließender Übergang also, folgerichtig übernahm »de Naas«, wie sie ihn aus unübersehbaren Gründen nannten, später, 1983, auch mal den Posten des Cheftrainers. In diesem Job aber überlebt in Köln nicht mal eine FC-Ikone allzu lang, und so kam Anfang 1986, was irgendwann ja kommen musste – die Trennung. Löhr fand trotzdem einen Weg, treuer Kölner zu bleiben. Fortan arbeitete er lange Jahre als Trainer in Diensten des DFB. Nie aber mehr für einen anderen Verein.

Geboren: 5. Juli 1942, Eitorf
In der Liga (als Spieler): 381 Spiele (166 Tore) für den 1. FC Köln (1964–1978)
In der Liga (als Trainer): 1. FC Köln (1983–1986)

Klaus Allofs

Klaus Allofs hat sich vor Neuem nie gescheut. Er begann als Mittelfeldspieler und wurde Stürmer. Er wechselte von Fortuna Düsseldorf zum rheinischen Rivalen 1. FC Köln. Er ging nach Frankreich: zunächst nach Marseille, dann nach Bordeaux, bevor er wieder nach Hause zurückkehrte. Und als er seine Karriere bei Werder Bremen eigentlich nur noch ausklingen lassen wollte, gewann er plötzlich die zwei Titel, die ihm zu seinen besten Zeiten immer versagt geblieben waren: die Deutsche Meisterschaft (1993) und den Europapokal der Pokalsieger (1992).

Klaus Allofs ist sich aber immer treu geblieben – sein Handeln war stets zielgerichtet. Auf dem Platz bedeutete das: viele Tore. 1979 mit Düsseldorf und 1985 mit Köln wurde er Bundesliga-Torschützenkönig, daneben gelang ihm bei der EM 1980 das unglaubliche Kunststück, einen Hattrick gegen die Niederlande zu schießen. Abseits des Platzes bedeutete diese Zielstrebigkeit: viel Verantwortung. Als Sportchef von Werder Bremen wurde Allofs ab 1999 zu einem Topmanager der Bundesliga, und als er im November 2012 für Außenstehende abrupt zum hochpotenten Liga-Konkurrenten VfL Wolfsburg wechselte, ging an der Weser ein Ära zu Ende.

Geboren: 5. Dezember 1956, Düsseldorf
In der Liga: 424 Spiele (177 Tore) für Fortuna Düsseldorf (1975–1981), 1. FC Köln (1981–1987) und SV Werder Bremen (1990–1993)

AMERZ
RANGE

Geboren: 3. November 1945, Nördlingen
In der Liga: 427 Spiele (365 Tore) für den FC Bayern München (1964–1979)

Gerd Müller

Wenn es ums Toreschießen geht, gleicht dieser Mann einem fußballerischen Superlativ. Kaum ein Rekord, den der »Bomber der Nation« nicht aufgestellt hat.

Keine Frage: Er ist der erfolgreichste Stürmer, den die Bundesliga je gesehen hat – eine Karriere in Zahlen:

365 Tore in 427 Bundesliga-Spielen – Rekord mit weitem Abstand vor Klaus Fischer (268) und Jupp Heynckes (220).

40 Tore in der Saison 1971/72 – Bundesliga-Rekord. Die Plätze zwei und drei belegt ebenfalls Gerd Müller (38 und 36 Tore).

87-mal mehr als ein Tor in einem Spiel – genauer: 55 Doppel-, 18 Dreier-, zehn Vierer- und vier Fünferpacks; den Rekord für die meisten Tore in einem Ligaspiel hält allerdings mit sechs Toren der andere torhungrige Müller: Dieter Müller (1. FC Köln) schoss sie beim 7:2 gegen Bremen (1977/78).

51 verwandelte Elfmeter in der Liga.

12 verschossene Elfmeter in der Liga – das ist Negativrekord.

7-mal Torschützenkönig der Bundesliga – Rekord; auf jeweils drei »Kanonen« kommen Karl-Heinz Rummenigge und Ulf Kirsten.

12-mal schaffte Müller mindestens 20 Saisontore, nur zweimal blieb er unter dieser Marke.

4-mal Deutscher Meister (1969, 1972, 1973, 1974).

Außerdem als Nationalspieler:
68 Tore in 62 Länderspielen – Torquote 1,097, bis heute unerreicht, und nur Miroslav Klose hat mehr Tore für Deutschland erzielt; Weltmeister 1974 – Müller schießt im Finale gegen die Niederlande das entscheidende Tor zum 2:1-Sieg im heimischen Münchener Olympiastadion; WM-Torschützenkönig 1970; mit zehn Toren Europameister 1972.

Außerhalb der Bundesliga und der Nationalmannschaft:
66 Europapokal-Tore, dreimal in Folge Gewinn des Europapokals der Landesmeister (1974, 1975, 1976), Weltpokalsieger (1976), Europapokal der Pokalsieger (1967) sowie vier Siege im DFB-Pokal (1966, 1967, 1969, 1971).

Franz Beckenbauer hat behauptet, Müller würde heutzutage 80 Tore pro Saison schießen. »80 ist übertrieben«, sagte Gerd Müller der *Süddeutschen Zeitung*, »aber mehr als meine 40 wären's schon.«

Siegtor im WM-Finale von 1974 als Karrierehöhepunkt.

Nie wirklich zu stoppen: Gerd Müller erzielte viele seiner 365 Bundesliga-Treffer aus unmöglichen Lagen und schier aussichtslosen Situationen – sogar im Liegen.

Jupp Heynckes

Aus dem ehemaligen Topstürmer wurde einer der besten und erfolgreichsten deutschen Trainer – nicht nur des Triples mit den Bayern wegen.

Geboren: 9. Mai 1945, Mönchengladbach
In der Liga (als Spieler): 369 Spiele (220 Tore) für Borussia Mönchengladbach (1965–1967, 1970–1978) und Hannover 96 (1967–1970);
In der Liga (als Trainer): Borussia Mönchengladbach (1979–1987, 2006/07), FC Bayern München (1987–1991, 2009, 2011–2013), Eintracht Frankfurt (1994/95), FC Schalke 04 (2003–2005) und Bayer Leverkusen (2009–2011)

Jüngere Leser dieses Buches dürften Jupp Heynckes vielleicht noch als Trainer von Real Madrid, in jedem Fall aber als angegrauten Erfolgscoach von Bayer Leverkusen und natürlich Triple-Gewinner mit dem FC Bayern München kennen. Tatsächlich aber beginnt die Bundesligageschichte des gebürtigen Mönchengladbachers bereits etliche Jahre früher bei seinem Heimatverein Borussia.

1962 wechselte der 17-jährige Sohn einer Familie mit zehn Kindern vom Mönchengladbacher Stadtteilklub Grün-Weiß Holt an den Bökelberg, wo der Stürmer zunächst zwei Jahre darauf warten musste, von Trainerlegende Hennes Weisweiler in den Regionalligakader des Vereins berufen zu werden – am Ende der Saison stand Borussias Aufstieg in die Bundesliga. Von den 92 Toren des Regionalligameisters erzielte Heynckes 24.

Bis 1967 kickte Heynckes in seiner Heimatstadt, doch als sich die Verhandlungen über eine Vertragsverlängerung hinzogen, erhielt er ein Angebot von Hannover 96 – und wechselte. Aber es lief sportlich nicht erfolgreich. Da rief ihn sein alter Trainer Weisweiler an und fragte, ob er nicht zurückkommen wolle. Heynckes wollte, und damit begann seine richtig große Zeit als Spieler: vier Deutsche Meisterschaften (1971, 1975, 1976, 1977), die Siege im DFB-Pokal (1973) und im UEFA-Cup (1975). Seine 195 Erstligatore bedeuten nach wie vor Gladbacher Vereinsrekord. Hinter Gerd Müller und Klaus Fischer liegt Heynckes auf Rang drei der ewigen Torschützenliste der Bundesliga. Aber erst als Trainer schaffte er dann das, was ihm als Spieler nie gelungen war: Mit Real Madrid (1998) und dem FC Bayern (2013) gewann Jupp Heynckes die Champions League.

Im Jahre 2009 kam Jupp Heynckes mit seinen Trainingsbällen ein zweites Mal für einen Kurzeinsatz (5 Spiele) beim FC Bayern vorbei – er schaffte Platz 2.

Geboren: 13. April 1960, Hanau
In der Liga (als Spieler): 232 Spiele (132 Tore) für TSV 1860 München (1980/81), SV Werder Bremen (1982–1987) und Bayer Leverkusen (1994–1996)
In der Liga (als Trainer): Sportdirektor Bayer Leverkusen (1996–2000, seit 2005), Trainer Bayer Leverkusen (2000, 2005)

Rudi Völler

Für Deutschland ließ er sich sogar in seine Locken spucken. Rudi Völler ist und bleibt einer der beliebtesten Kicker im Lande – eine echte Kult- und Identifikationsfigur.

Irgendwann wurde aus Rudi Völler »Tante Käthe«. Das hatte sich Thomas Berthold ausgedacht, Völlers Mitspieler in den Tagen beim AS Rom, wegen der ergrauten Frisur des Stürmers. Nicht erst seit seiner Zeit in Rom (1987–1992) genießt Völler Kultstatus. Die lang gezogenen »Ruuuuudddiiiii«-Rufe bei Spielen der deutschen Nationalmannschaft legten ein deutliches Zeugnis von der allgemeinen Beliebtheit des beidfüßigen Angreifers ab.

Völlers »Geheimrezept« war seine erschreckende Normalität. Er war immer einer von uns. Völler war geradeheraus, ehrlich, der gute Deutsche sozusagen. Und wie jubelte die Fernsehnation, als Rudi in seiner Funktion als DFB-Teamchef nach einem fürchter-lichen 0:0 in Island im *ARD*-Fernsehstudio zunächst mit dem Kommentatoren-Duo Netzer/Delling (»Der Scheiß, der da immer gelabert wird«) abrechnete und sich dann seinen Interviewpartner Waldemar Hartmann vorknöpfte (»Du sitzt hier locker auf deinem Stuhl, hast drei Weizenbier getrunken«).

Seine Bundesliga-Karriere startete Völler 1980 beim TSV 1860 München, mit dem er im zweiten Jahr abstieg. Als er in der Zweiten Liga mit 37 Treffern Torschützenkönig der Saison 1981/82 wurde, wechselte er zu Werder Bremen. In seiner ersten Saison wurde Völler dort Bundesliga-Torschützenkönig, Vizemeister und »Fußballer des Jahres«. 1985 und 1986 folgten zwei weitere Vizemeisterschaften, 1987 wechselte er zum AS Rom, 1992 zu Olympique Marseille, wo er 1993 die neu gegründete Champions League gewann. 1994 dann das Comeback in der Bundesliga bei jenem Klub, dem er durch seine Anwesenheit bis heute einen positiven Imagewandel ermöglicht hat: Bayer Leverkusen.

Rudi Völler auf seinem »Höhenflug« durchs Weserstadion – 97 Tore in fünf Jahren Werder Bremen.

Klaus Fischer

Insgesamt sechs Mal wurde ein Treffer von Schalkes Rekordschützen zum »Tor des Monats« gewählt. Zuletzt gewann Fischer die Auszeichnung im Juli 2003 mit 53 Jahren nach einem spektakulären Fallrückzieher im Nostalgiederby der Altstars von Bayern und 1860.

Geboren: 27. Dezember 1949, Kreuzstraßl
In der Liga (als Spieler): 535 Spiele (268 Tore) für TSV 1860 München (1968–1970), FC Schalke 04 (1970–1981), 1. FC Köln (1981–1984) und VfL Bochum (1984–1988)
In der Liga (als Trainer): FC Schalke 04 (1992)

Nach Heimspielen des FC Schalke 04 analysiert Klaus Fischer heute im Stadion, das inzwischen »Arena auf Schalke« heißt, die Leistung der Mannschaft. Er tut dies vor den »Leuten mit den teuren Karten«, wie der Exstürmer die VIPs nennt. Schalke und Klaus Fischer, das ist eine Verbindung, die trotz einiger anderer Engagements des Spielers als unzertrennlich bezeichnet werden kann.

Fischer ist Ehrenspielführer des FC Schalke, war als Schalker in den Bundesliga-Skandal verwickelt, bleibt mit 182 Ligatreffern bester Torschütze des Klubs, mit insgesamt 268 Toren ist er zweitbester in der Geschichte der Bundesliga hinter Gerd Müller.

Während Gerd Müller der Chef in jedem Strafraum war, war Klaus Fischer der »Herr der Lüfte«. Keiner hatte in der Liga einen besseren und schöneren Fallrückzieher anzubieten. Wenn Fischer im Sechzehner abhob und sein rechtes Bein gegen den von seinem kongenialen Partner Rüdiger Abramczik hineingeschlagenen Flankenball schnellte, war das traumhaft – ob man nun Schalke-Fan war oder nicht.

Das Tor gegen die Schweiz wird zur »Mutter aller Fallrückzieher«.

1976 war Fischer Torschützenkönig der Bundesliga. In Erinnerung aber bleibt er vor allem dank eines Tores, das er nicht im Vereins-, sondern im Nationaltrikot geschossen hat. Am 16. November 1977 lag er wieder einmal quer in der Luft, gegen die Schweiz, und traf beim 4:1. »Die Mutter aller Fallrückzieher« (*11 Freunde*) wurde im Fernsehen zum »Tor des Vierteljahrhunderts« gekürt.

Dabei hätte es den Nationalspieler Klaus Fischer um ein Haar gar nicht gegeben. Denn nach DFB-Verdikt sollte keiner der am Bundesliga-Skandal beteiligten Spieler jemals wieder für Deutschland auflaufen. Als aber Gerd Müller nach der WM 1974 zurücktrat und Fischer als seinen Nachfolger vorschlug, zeitgleich Franz Beckenbauer und Berti Vogts sich dieser Meinung anschlossen, dauerte es noch etwas, ehe Trainer Schön reagierte. Im April 1977 debütierte Fischer gegen Nordirland und schoss beim 5:0 gleich mal zwei Tore.

Der Uerdinger Abwehrspieler Ludger van der Loo war es, der Fischer im März 1980 das rechte Schien- und Wadenbein brach. Als Fischer erst fast ein Jahr später wieder mitwirken konnte, steckte Schalke tief im Abstiegskampf – und verlor diesen schließlich. Fischer wechselte zum 1. FC Köln, wo er trotz Pokalsiegs und Vizemeisterschaft nie wirklich ankam. Richtig erstklassig spielte er in dieser Zeit nur bei der Weltmeisterschaft in Spanien, wo er mit einem Fallrückzieher-Treffer im Thriller-Halbfinale gegen Frankreich den Einzug ins Finale gegen Italien sicherstellte. Das mit 1:3 verlorene Endspiel war Fischers letzter Kick im Nationaldress.

Für kleines Geld wechselte Fischer 1984 zum VfL Bochum. Zurück im Ruhrgebiet traf er wieder: 16 Tore waren es am Ende seiner ersten Spielzeit. Später plagten ihn Muskelverletzungen, in den letzten beiden Jahren in Bochum kam er kaum mehr zum Einsatz. Unmittelbar nach seiner letzten Saison als Aktiver wurde Klaus Fischer 1988 Co-Trainer in Bochum, danach Interimstrainer der Schalker Profimannschaft, später coachte er die Amateure des Klubs.

Nicht immer lag Klaus Fischer rücklings oder quer in der Luft, aber dennoch sah sein Bewegungsablauf häufig kraftvoll und ästhetisch zugleich aus.

halke 04

Abge stürzt

Reinhard »Stan« Libuda

Ulrich Borowka

Wolf-Dieter Ahlenfelder

Rudi Brunnenmeier

Stig Tøfting

Eike Immel

Günter Breitzke

Andreas Sassen

Erwin Kostedde

4.

OFC

Geboren: 10. Oktober 1943, Lemgo
Gestorben: 25. August 1996, Gelsenkirchen
In der Liga: 264 Spiele (28 Tore) für FC Schalke 04 (1963–1965, 1968–1972 und 1973–1976) und Borussia Dortmund (1965–1968)

Reinhard »Stan« Libuda

»Stan« Libuda war der erste Spieler aus dem Team, das 1970 das Jahrhundertspiel bestritt, der verstarb. Die damalige WM in Mexiko war einer der Höhepunkte in Libudas Laufbahn – aber es gab auch zahlreiche Talsohlen.

Es war ein Schalke-Fan, der in den 1960er-Jahren einen der größten Fußballsinnsprüche seiner Zeit besorgte. Als der damals bekannte freie Prediger Werner Heukelbach seine Veranstaltungsreihe im Ruhrgebiet mit Plakaten bewarb, auf denen zu lesen stand: »Niemand kommt an Gott vorbei«, ergänzte der Anhänger kongenial, »außer ›Stan‹ Libuda«.

In Anlehnung an die englische Legende Sir Stanley Matthews hatte man Reinhard Libuda den Spitznamen »Stan« verpasst: Perfekt beherrschte der Schalker den berühmten Trick des Engländers – links antäuschen und rechts vorbeigehen. Libuda war Rechtsaußen und entwickelte sich über die Jahre zu einer Schalker Legende in der Größenordnung von Ernst Kuzorra oder Fritz Szepan.

Dabei hatte Libuda auch einmal für den großen Rivalen aus Dortmund gespielt und währenddessen im Mai 1966 sogar seinen größten sportlichen Erfolg mit dem Gewinn des Europapokals der Pokalsieger feiern können. Richtig gestellt werden muss allerdings, dass es nicht Libuda war, der beim 2:1-Finalsieg gegen Liverpool in Glasgow in der Verlängerung das entscheidende Tor für den BVB erzielte – Libuda war nur Vorbereiter. Er schoss eine Bogenlampe aus 22 Metern halbrechter Entfernung an den linken Außenpfosten, von wo aus der zurückgeeilte Liverpooler Verteidiger Chris Lawler nicht mehr ausweichen und den Ball nur noch über die Linie drücken konnte – ein Eigentor also.

Als Kapitän Libuda mit dem FC Schalke 1972 den DFB-Pokal gewann, lag ein langer, dunkler Schatten auf seiner Karriere. Wie weitere Schalker Spieler auch war er in den Bundesliga-Skandal verwickelt und hatte einen Meineid geleistet. Libuda wurde zunächst lebenslang gesperrt. Um der Sperre zu entgehen, wechselte der Rechtsaußen nach Frankreich zu Racing Straßburg. 1974 wurde die Sperre aufgehoben. Zwei Jahre spielte Libuda danach noch für seinen FC Schalke 04, bei dem er als Neunjähriger begonnen hatte und mit 17 in die erste Mannschaft berufen worden war.

Libuda war ein hochsensibler, scheuer Mensch, der die Öffentlichkeit mied, von Reportern hielt er sich fern. Nach dem Karriereende offenbarte sich sein -Alkoholproblem, seine Ehe zerbrach. Libuda pachtete von Ernst Kuzorra einen Tabakladen am Schalker Markt, den er in die Pleite steuerte. Das Idol war mittellos und arbeitslos, das mit dem Fußball verdiente Geld futsch. Schalke bot ihm Hilfe an, Libuda lehnte ab. Auf Vermittlung von Rolf Rüssmann, dem einzigen Menschen, den er in dieser Phase seines Lebens neben seinem Sohn noch an sich heranließ, erhielt er einen Job bei einer Papierveredlungsfirma.

Nachdem er 1992 eine Kehlkopfkrebsoperation überstanden hatte, schien es ihm wieder besser zu gehen. Ende August 1996, im Alter von 53 Jahren, starb Reinhard Libuda an einem Schlaganfall – und in Turnschuhen, wie berichtet wird. Sieben Jahre später entdeckte ein Libuda-Fan, dass der Vorname des Toten auf dem Grabstein statt mit »ei« fälschlicherweise mit »ai« geschrieben worden war. Schalkes damaliger Manager Rudi Assauer versprach daraufhin, einen neuen Grabstein anfertigen zu lassen.

Die Schalker Legende feiert ihren größten Erfolg mit Erzrivale Borussia Dortmund.

Links antäuschen, rechts vorbeigehen: Wenn der dribbelstarke »Stan« Libuda am Ball war, zog er alle Blicke der Zuschauer auf sich.

Ulrich Borowka

Geboren: 19. Mai 1962, Menden
In der Liga: 388 Spiele (19 Tore) für Borussia Mönchengladbach (1981–1987) und SV Werder Bremen (1987–1996)

Ein weiterer Kandidat aus der Rubrik »Profis und Promille«. Uli Borowka war nicht nur ein Freund der harten Getränke, auch seine Gangart auf dem Spielfeld war alles andere als angenehm und wohltuend.

Im Jahre 1997 war im Fernsehen eine Dokumentation zu sehen. Ein Filmteam hatte sich nach Lodz aufgemacht. Dort war Ulrich Borowka beim polnischen Meister Widzew Łódź untergekommen. Vor Ort wohnte Borowka in einem schäbigen Hotel, wurde in einem schäbigen Wagen zum Training gefahren. Borowka war ein einsamer Mann. Ein ehemaliger deutscher Nationalspieler, Europapokalsieger, Deutscher Meister und Pokalsieger. Ein einsamer Alkoholiker. Bei Werder Bremen hatte der Verein die Krankheit seines Abräumers lange Zeit gedeckt. Im März 1995 war dann allerdings nichts mehr zu vertuschen. Borowkas Frau hatte die Polizei gerufen: Ihr Mann hatte sie bedroht. Im Januar 1996 setzte Borowka mit 1,3 Promille seinen Porsche an einen Baum. Später im Jahr suchte er seine inzwischen ins Rheinland geflüchtete Frau heim. Er musste Werder verlassen, landete im Gefängnis, verkaufte sein Haus und unternahm einen letzten Comeback-Versuch: Über den Fünftligisten Tasmania 73 Berlin gelangte er zu Hannover 96. Sechs Wochen später – wieder war von Alkoholproblemen die Rede – schoben ihn die Niedersachsen nach Polen ab.

Aus Lodz kehrte Borowka nach acht Einsätzen in Polens Ekstraklasa nach Deutschland zurück. 1997 versuchte er sich als Trainer beim FC Oberneuland, wo er ebenfalls angetrunken zum Training erschien. Borowka wechselte die Branche. Hatte der Abräumer auf dem Fußballplatz stets die Drecksarbeit erledigt, so verkaufte der Sauerländer jetzt Werbung auf Mülltonnen. 1999 war die Firma insolvent. Uli Borowka machte eine Therapie, seit 2000 ist er trocken, er hat als Trainer gearbeitet, inzwischen ist er selbstständiger Unternehmer in Sachen Sportmarketing.

Ein Bild mit Symbolcharakter: Uli Borowka hat den Ball erobert, beim Gegenspieler lässt der Schmerz langsam nach.

Geboren: 11. Februar 1944, Oberhausen
Gestorben: 2. August 2014, Oberhausen
In der Liga: 106 Spiele geleitet zwischen 1975 und 1988

Wolf-Dieter Ahlenfelder

Gesten- und pointenreich pfiff sich Wolf-Dieter Ahlenfelder zwischen 1975 und 1988 durch 106 Bundesliga-Spiele und wurde in der Saison 1983/84 vom Deutschen Fußballbund als bester deutscher Schiedsrichter mit der »Goldenen Pfeife« ausgezeichnet.

Während eines Spiels erregte sich Bayern-Nationalspieler Paul Breitner über die Schiedsrichterleistung: »Ahlenfelder, Sie pfeifen für den Arsch!« Daraufhin Wolf-Dieter Ahlenfelder: »Herr Breitner, Sie spielen wie ein Arsch!« Auf dem Betzenberg in Kaiserslautern flatterten anderntags die Nerven des Spielleiters, weil von den Zuschauerrängen Flaschen aufs Spielfeld flogen. Die leeren Pullen sollten sofort zurückgeworfen werden, wies Ahlenfelder den Mann an. »Und die vollen?«, fragte dieser irritiert zurück. »Damit werden wir uns in der Halbzeit lecker einen kredenzen«, sagte Ahlenfelder.

Wolf-Dieter Ahlenfelder war die Eckkneipe der Bundesliga. In Bremer Gaststätten wird heute gern noch ein »Ahlenfelder« serviert – Bier mit Aquavit. Dieses »Gedeck« erinnert an Ahlenfelders wohl berühmtesten Bundesliga-Auftritt.

Am 8. November 1975 leitete »Ahli« sein drittes Spiel als Erstligaschiedsrichter, die Partie Werder Bremen gegen Hannover 96. Nach 32 Minuten pfiff der angeheiterte Ahlenfelder das erste Mal zur Halbzeit, ließ dann aber weiterspielen. 90 Sekunden vor Ende der ersten 45 Minuten ertönte der zweite Halbzeitpfiff. Nach dem Spiel »entschuldigte« sich Ahlenfelder: »Ein Bier und ein Malteser zum Mittagessen, das wird doch wohl erlaubt sein.«

Wolf-Dieter Ahlenfelder galt als menschelnder Referee, der die persönliche Ermahnung eines Spielers einer Karte vorzog. Dem Fußballmagazin *Rund* gestand er einmal: »Ich bin ein Mensch, der gern in der Öffentlichkeit steht. Da bin ich ehrlich. Ahli, du bist der Beste. Ahli, du bist der Schönste. Das liebe ich, das ist meine Welt«, sagte er. »Ich war ein ganz Großer.«

»Mit Liebe, Regelkenntnis und mit Fingerspitzengefühl« – das war und ist das Motto von Wolf-Dieter Ahlenfelder.

Geboren: 11. Februar 1941, München
Gestorben: 18. April 2003, Olching
In der Liga: 119 Spiele (66 Tore) für den TSV 1860 München (1963–1968)

Rudi Brunnenmeier

Er war eines der größten Sturmtalente, die die noch junge Bundesliga hervorbrachte. Doch Rudi Brunnenmeier versoff und verzockte Ruhm und Reichtum und zerstörte sein Leben.

Mit 66 Toren in fünf Bundesliga-Spielzeiten ist Brunnenmeier Bundesliga-Rekordschütze der »Sechziger«.

Der Bundesliga-Torschützenkönig des Jahres 1965 hieß Rudolf Brunnenmeier, 24 Tore. Brunnenmeier war der Sturmführer des TSV 1860 München zu einer Zeit, als es keine Frage war, wer in München der erfolgreichere Fußballklub war. In der Saison 1965/66 gewannen die »Sechziger« in der Bundesliga nicht nur das erste Derby gegen die gerade aufgestiegenen Bayern mit 1:0, sondern sicherten sich auch am Ende der Spielzeit die Deutsche Meisterschaft, bis heute übrigens ihre einzige.

Schon damals hatte Rudi Brunnenmeier ein Alkoholproblem. Im Sommer 1965 kam er angeschlagen nach Hause und traf dort auf den Postboten, der ihm ein Telegramm in die Hand drückte: Eileinberufung zum Länderspiel gegen die Sowjets am gleichen Abend. Brunnenmeier flog nach Köln, schlief sich im Mannschaftshotel nüchtern und steuerte am Abend zwei Treffer zum 3:0-Sieg bei. Es war einer von Brunnenmeiers insgesamt fünf Einsätzen im Nationaltrikot. Den »Sechzigern« war der junge Brunnenmeier bei seinem Heimatklub SC Olching aufgefallen. Dort hatte er in der A-Klasse in einer Saison 87 Tore geschossen, bei 1860 traf der 19-Jährige in seiner ersten Saison 24-mal in der Oberliga Süd, einer Vorläuferspielklasse der späteren Bundesliga. Insgesamt waren es in drei Oberliga-Jahren 73 Tore, in der Bundesliga binnen fünf Spielzeiten 66, damit ist Brunnenmeier Bundesliga-Rekordtorschütze der »Sechziger«.

Ein oftmals größerer Freund als der Ball aber war im Fall Brunnenmeier der Alkohol. Zum Trinken kehrte er in der legendären »Zwickmühle« ein. Später wurde er Manager von Nachtklubs wie »Pik Dame« oder »Dolly Bar«, sich selbst stets der beste Gast. Als die Ehe mit Frau Monika scheiterte, veräußerte diese das gemeinsame Haus und machte sich mit dem Geld aus dem Staub. Seiner Freundin Ingrid richtete er einen Friseursalon ein und kleidete sie in teure Pelze, zudem ließ Brunnenmeier viel Geld in Spielcasinos.

1987 erhielt er wegen Trunkenheit am Steuer eine halbjährige Gefängnisstrafe. Seine anschließende Karriere als Versicherungsvertreter kam nicht recht in Gang, Brunnenmeier fälschte Verträge, um die dafür fälligen Provisionen einzustecken. Ein zweites Mal wurde er verurteilt – diesmal zur Bewährung. Gelegenheitsjobs auf dem Großmarkt, dem Bau und als Brezenverkäufer in der Münchener Fußgängerzone folgten. Ende 1994 kehrte er in den Fußball zurück, zum Bezirksligisten FC Garmisch, mit dem der Trainer Brunnenmeier drei Aufstiege feierte. In der Landesliga angekommen, wurde der Höhenflug des Klubs gestoppt, Misserfolge stellten sich ein, und nach zwei Jahren Abstinenz begann Brunnenmeier wieder mit dem Alkohol. Als man ihn in Garmisch feuerte, sagte er: »Ich trinke mich jetzt tot.«

Nach einem weiteren kurzen, erfolglosen Engagement beim A-Klassen-Klub Wacker München war Brunnenmeier ganz tief unten. Er kehrte heim, nach Olching. Er ließ sich von seiner 91-jährigen, an den Rollstuhl gefesselten Mutter pflegen. Als die Mutter starb, lebte Brunnenmeier auf 35 Quadratmetern in Olching und erhielt 650 Euro Arbeitslosengeld. Ostern 2003 verstarb er.

Die Mittelstürmer-Ikone der »Löwen« schlug 1965 sogar ein Angebot vom AC Turin aus.

Während Stig Tøfting (l.) abseits des Platzes durch zahlreiche handfeste Auseinandersetzungen auffiel, ging es für Ex-Nationalkeeper Eike Immel in aller Stille abwärts.

Stig Tøfting

»Rasenmäher« war sein Spitzname. In der Bundesliga trat der Däne Stig Tøfting für den Hamburger SV und den MSV Duisburg bisweilen äußerst ruppig gegen Ball und Gegner. »Tøffe« war nicht nur auf dem Platz kein Kind von Traurigkeit. Wegen Körperverletzung saß er fast vier Monate im Gefängnis. Der Nationalspieler unterhielt Kontakte zur Rockergang »Hells Angels« und ist ein Befürworter der Todesstrafe. Seit seinem 13. Lebensjahr war Tøfting Waise. Sein Vater hatte zunächst sich, dann die Mutter hingerichtet. Gewalt blieb im Leben Tøftings stets präsent.

1999 wird er in Dänemark wegen Körperverletzung auf Bewährung verurteilt, darf seine Karriere beim MSV Duisburg jedoch fortsetzen. 2002 allerdings – inzwischen kickte er nach einem zweiten HSV-Gastspiel im englischen Bolton – folgte die Kündigung. Bei einer Feier unter Nationalspielern in Kopenhagen hatte »Tøffe« dem Restaurantbesitzer eine Kopfnuss verpasst. Tøfting versuchte sich kurz in China, kehrte nach Dänemark zurück, wo er 2004 bei der Weihnachtsfeier seines Klubs Århus GF eine Schlägerei anzettelte – Rauswurf. 2007 beendete er seine aktive Karriere, versuchte sich wenig erfolgreich als Assistenztrainer. Seine Autobiografie trägt den erwartbaren Titel: *No Regrets* (»Ich bereue nichts«).

Geboren: 14. August 1969, Hørning (Dänemark)
In der Liga: 124 Spiele (6 Tore) für den Hamburger SV (1993–1995 und 2000–2002) und MSV Duisburg (1998–2000)

Eike Immel

Kein Bundesliga-Torwart hat so viele Gegentore hinnehmen müssen wie Eike Immel: 829. Und kaum einer hat auch neben dem Platz so viel einzustecken gehabt. Mit 17 debütierte Immel in der Liga für Borussia Dortmund (Ergebnis: 1:0 gegen Bayern München), mit 19 im Tor der Nationalelf als bis heute jüngster Keeper. Immel wurde Meister mit dem VfB Stuttgart und hütete zwischen 1978 und 1995 insgesamt 534-mal ein Bundesliga-Tor. Außer nackten Zahlen ist davon nichts geblieben.

Immel häufte so hohe Schulden an, dass seine Geldbeschaffungsmethoden immer verzweifelter anmuteten – etwa ein gerichtskundiger Betrug sowie ein Abstecher ins *RTL*-Dschungelcamp samt Veröffentlichung einer Single mit Dschungelcamp-Konsasse Bata Illic (*Wie ein Liebeslied*).

Seine Millionen hat Immel auf verschiedenste Arten »vernichtet«. Schon mit 18 Jahren fuhr er einen Porsche zu Schrott. Den Mädchen spendierte er, was sie nur wollten. Er hat mit Karten gezockt und in Luxusimmobilien investiert – auch wenn diese in Hagen/Westfalen standen. Zur Naivität kamen schließlich gesundheitliche Schwierigkeiten: Nach einem ordentlichen Start in die Zweitkarriere als Torwarttrainer wurde seine Hüftarthrose so schlimm, dass er dem Job nicht mehr nachgehen kann.

Geboren: 27. November 1960, Stadtallendorf
In der Liga: 534 Spiele (0 Tore) für Borussia Dortmund (1978–1986) und VfB Stuttgart (1986–1995)

Während Günter Breitzke (l.) sein bei Borussia Dortmund erspieltes Geld wieder verspielte und nun von Hartz IV lebt, lebt Andreas Sassen (r.) gar nicht mehr: Er ertränkte sein Talent im Alkohol und warf sein Leben einfach weg.

Günter **Breitzke**

Von wegen Millionarios – rund ein Viertel der Bundesliga-Profis haben mehr Schulden als Vermögen, wenn sie ihre Karriere beenden. Süßes Leben, windige Berater, dubiose Geschäfte: das kostet. Wenn die aktive Zeit dann vorbei ist, kommt es noch schlimmer. Denn oft haben sie wenig oder gar nichts gelernt und finden einfach keinen Einstieg ins Leben danach.

Günter Breitzke hat es besonders hart erwischt. 1989 gehörte der Mittelfeldmann zur Pokalsiegerelf von Borussia Dortmund, nicht direkt ein Zauberer, aber doch ein guter Techniker und furchtloser Dribbler. Als einer der letzten Straßenfußballer wurde er damals bezeichnet. Und es heißt, er soll ganz gern gezockt haben. Nach vier Jahren beim BVB tingelte er durch die unteren Ligen: Düsseldorf, Wuppertal, Homburg, Aachen. Er spielte, so lang es ging, er hatte ja sonst nur Maler und Lackierer gelernt. Heute sucht er einen Job. Er lebt jetzt allein in einer Kölner Zweizimmerwohnung. Die Höhepunkte seines Lebens bestehen nun in Auftritten mit der BVB-Traditionself. Die früheren Mitspieler zahlen ihm dann die Zugfahrt nach Dortmund.

Geboren: 29. Juni 1967, Köln
In der Liga: 89 Spiele (18 Tore) für Borussia Dortmund (1988–1992)

Andreas **Sassen**

In diesem Kapitel sind einige Geschichten versammelt, in denen Fußballer mit dem schnellen Ruhm nicht klarkommen und deshalb alkoholabhängig werden. Bei Andreas Sassen liegt der Fall etwas anders: Er hatte schon getrunken, ehe er zu Ruhm kam. Seine Profibilanz liest sich bescheiden: 79 Bundesligaspiele, sechs Tore. Ob der talentierte Mittelfeldmann zum Nationalspieler getaugt hätte, wie es hieß, muss für ewig offenbleiben.

Bereits als junger Amateur wurde er erstmals mit hohem Promillegehalt aktenkundig. Sassen, damals bei Schwarz-Weiß Essen, hatte einen freundschaftlichen Ausflug zusammen mit Mario Basler, damals Rot-Weiß Essen, unternommen. In diesem Stil ging es weiter, und überall endeten die Zechtouren mit Rausschmiss: Uerdingen und Hamburg (dort verdrosch er im Suff einen türkischen Taxifahrer), Dresden und Dnjepropetrowsk (das Engagement in der Ukraine war angesichts der Vorlieben von »Wodka-Andy« wohl keine so gute Idee). 1996 endete Sassens Laufbahn als Fußballer bei Wattenscheid 09 – er war mit einer niederländischen Bardame aus dem Trainingslager an der Algarve durchgebrannt. »Ich habe alles versoffen und verzockt«, hat Andreas Sassen einmal über sich gesagt. 36-jährig verstarb er 2004 an den Folgen eines Gehirnschlags.

Geboren: 14. Januar 1968, Essen
Gestorben: 17. Oktober 2004, Essen
In der Liga: 79 Spiele (6 Tore) für Bayer Uerdingen (1990–1993), Hamburger SV (1993/94) und Dynamo Dresden (1994/95)

Erwin Kostedde

Den einstigen Star der Offenbacher Kickers kann man wohl getrost als tragische Figur bezeichnen. Nach seinem Karriereende vertraute er nicht nur den falschen Leuten, sondern wurde auch fälschlicherweise verdächtigt, eine Spielhalle überfallen zu haben.

Geboren: 21. Mai 1946, Münster
In der Liga: 219 Spiele (98 Tore) für MSV Duisburg (1967/68), Kickers Offenbach (1972–1975), Hertha BSC Berlin (1975/76), Borussia Dortmund (1976–1978) und SV Werder Bremen (1981/82)

Nachdem ein windiger Steuerberater sein gesamtes Vermögen allen Regeln der Kunst nach vernichtet hatte, schlug Erwin Kostedde sich als Vertreter und Verkäufer durch. »Von Geld hatte ich keine Ahnung«, hat Kostedde einmal eingestanden. »Ich hatte nur Fußball im Kopf. Das hat sich gerächt.« Mit Anlagegeschäften hat er nach eigener Aussage mehr als eine Million Mark verloren: »Geblieben sind mir nur Schulden.«

1990 wurde der erste farbige Spieler in einer deutschen Nationalmannschaft überdies des bewaffneten Überfalls auf die Spielhalle »Joy« im westfälischen Coesfeld verdächtigt, bei dem 190 Mark erbeutet worden waren. Sieben Monate saß Kostedde in Untersuchungshaft, ehe er entlastet wurde. Läppische 3000 Mark Haftentschädigung erhielt er schließlich.

Wegen rassistischer Anfeindungen wechselte Kostedde zweimal zu Standard Lüttich.

Kostedde, Sohn einer Deutschen und eines in Deutschland stationierten US-amerikanischen Soldaten, spielte in der Regionalliga seit zwei Jahren für Preußen Münster, als Bundesligist MSV Duisburg 1967 Interesse an einer Verpflichtung bekundete. Für das Team von Trainer Gyula Lóránt machte der 21-jährige Kostedde am 2. September 1967 beim 3:1-Heimspiel gegen Borussia Neunkirchen das erste seiner insgesamt 98 Bundesliga-Tore. Kostedde wechselte nach Belgien, wo ihm in drei Jahren bei Standard Lüttich 51 Tore in 67 Erstliga-Partien gelangen. Seine erfolgreichste Zeit erlebte Erwin Kostedde dann nach seinem Wechsel zu Kickers Offenbach. 52 Tore schoss der Stürmer für den OFC, wurde Nationalspieler mit drei Länderspielen und ist bis heute Bundesliga-Rekordtorschütze der Hessen. Erwin Kostedde kam in seinem Leben immer wieder mit Rassismus in Berührung. In einer Saison bei Borussia Dortmund spielte er wegen rassistischer Beschimpfungen durch die eigenen Fans häufig nur bei Auswärtsspielen. Er wechselte ein zweites Mal nach Belgien: »Als ich bei Standard Lüttich spielte, war alles einfacher. Die hatten aus ihren Kolonien so viele Afrikaner, da fiel ich gar nicht auf.«

Nach seinem zweiten Lüttich-Gastspiel und einem Ausflug in die erste französische Liga, wo er im Trikot von Stade Laval Torschützenkönig wurde, holte der Manager des Zweitligisten Werder Bremen, Rudi Assauer, Kostedde nach Deutschland zurück, und der Stürmer schoss Werder zurück in die Bundesliga und im Jahr darauf sogar in den UEFA-Cup.

1983 endete Kosteddes Laufbahn beim VfL Osnabrück, in 30 Zweitliga-Spielen waren ihm nochmals zwölf Tore gelungen. Doch inzwischen machten die Knie nicht mehr mit, nicht mal seinen berühmten »Erwin-Shuffle«, einen doppelten Übersteiger, konnte Kostedde noch vorführen. Er versuchte sich als Trainer beim Verbandsligisten Sportfreunde Oesede und unterwies Straßenkinder im Norden der Reviermetropole Essen. Irgendwann war er dann arbeitslos.

»Ich will nie mehr arbeiten, sondern nur noch am Tresen stehen und saufen«, hat Erwin Kostedde gesagt, als es mal völlig aussichtslos um ihn stand. Die Zeiten haben sich glücklicherweise ein wenig zum Besseren geändert. Zuletzt lebte der Mann, nach dem sich das legendäre Offenbacher Fanzine *Erwin* benannt hat, als Rentner in einem Reihenhaus im Kreis Warendorf bei Münster.

Am Ball ein Könner, doch im Leben verdribbelt: Im Trikot von Kickers Offenbach erzielt Erwin Kostedde 1974 das »Tor des Jahres«.

OFC

Spezial-
agenten

Blutgrätscher
Schwalbenkönige
Flankengötter und Eigentore
Urgesteine und Medien

Hermann Gerland

Karl-Heinz Körbel

Klaus Fichtel

Dieter Hoeneß

Willi Lippens

Ernst Huberty

Frank Mill

Hans Kindermann

Mario Basler

Manfred Kaltz

Horst Hrubesch

Pierre Littbarski

Hans-Georg »Katsche« Schwarzenbeck

5.

VfL

Geboren: 4. Juni 1954, Bochum
In der Liga (als Spieler): 204 Spiele (4 Tore) für den VfL Bochum (1972–1984)
In der Liga (als Trainer): VfL Bochum (1986–1988), 1. FC Nürnberg (1988–1990) und Arminia Bielefeld (1999/2000)

Hermann Gerland

So konstant seine Laufbahn beim VfL Bochum verlief, solchen Schwankungen unterlag seine Trainerkarriere. Bis er seine ideale Rolle im Trainerstab des FC Bayern München fand.

Der gebürtige Bochumer Hermann Gerland, Sohn eines Maschinenschlossers, wurde einer der wichtigen Leistungsträger des VfL Bochum in einer Zeit, als der Verein gern und zu Unrecht als »graue Maus« beschrieben wurde. Gerland war ein treuer Charakter. Nachdem er als 15-Jähriger vom Stadtteilverein Westfalia Weitmar zum großen VfL gewechselt war, blieb er dem Klub bis zum Ende seiner Spielerkarriere treu. Und das waren immerhin weitere 15 Jahre.

Das Talent des Abwehrspielers Gerland war überschaubar. Der bullige, untersetzte, kantige Typ war ein harter Verteidiger, einer, den sie auf den Tribünen an der Castroper Straße liebten, weil sie wussten, dass er, wie die meisten von ihnen, einen Arbeiterhintergrund hatte und dass er immer alles gab, was in ihm steckte. »Ich bin ein Malocher-Typ«, hat Hermann Gerland über sich selbst gesagt.

Westfalenauswahl und Jugendnationalmannschaft, 1972 dann der Sprung in die erste Mannschaft des VfL, fast immer auf der Position des rechten Verteidigers. Und seither stets im Kampf mit und um den Klassenerhalt, aber nie abgestiegen. In Bochum haben sie ihm den Spitznamen »Tiger« verliehen, in Anspielung auf seine Unerbittlichkeit an der Außenlinie. Nachdem er zum zweiten Mal ein höher dotiertes Vertragsangebot eines anderen Vereins abgelehnt hatte, erklärte Gerland knapp: »Geld ist nicht alles!«

Im Anschluss an seine Profikarriere fungierte Gerland mit Beginn der Saison 1985/86 beim VfL als Assistenz- und Jugendtrainer. Als sein Boss Rolf Schafstall nach Schalke ging, schlug die Stunde des »Tigers«: Gerland wurde mit 32 Jahren jüngster Cheftrainer der Liga. »Ich will meinen Spielern beibringen, was ich selber nicht konnte: Fußball spielen«, lautete Gerlands Credo. Mit einer verjüngten Mannschaft um den Oldie Klaus Fischer erreichte er 1988 sogar das DFB-Pokal-Finale und verlor erst kurz vor Schluss durch einen Treffer des Ungarn Lajos Détári gegen Eintracht Frankfurt.

Gerland verließ Bochum und ging zum 1. FC Nürnberg, wo er den Ränkespielen im Verein zum Opfer fiel. Seine Entlassung steuerte er durch ein *Spiegel*-Interview, in dem er offen über die Zustände in Nürnberg sprach. Da stand bereits fest, dass er künftig für die Nachwuchsarbeit bei Bayern München zuständig sein würde.

Die Fans des VfL Bochum liebten den »Malocher« von der Castroper Straße.

Bis 1995 amtierte Gerland bei den Bayern auch als Amateur- und Teilzeit-Co-Trainer bei den Profis wie zuletzt zum Ende der Saison 2008/09. Dann wollte er es wieder wissen und unterschrieb erneut einen Vertrag beim 1. FC Nürnberg. Von den zwei Jahren Laufzeit schaffte er nicht mal das erste, dann war er schon entlassen. Er ging zum Regionalligisten Tennis Borussia Berlin und blieb dort zwei Jahre, in denen der Aufstieg in die Zweite Liga gelang, dann wurde er auch dort gefeuert. Bei Erstligaaufsteiger Arminia Bielefeld schaffte Gerland gerade mal ein Jahr wie auch danach beim Zweitligisten in Ulm.

Erst als er 2001 wieder zu den Bayern zurückging, kehrte jene Kontinuität in sein Berufsleben zurück, die er aus seiner Zeit als Spieler beim VfL Bochum kannte. Doch seine Heimat Bochum vergisst er nicht: »Wenn ich hier fertig bin, will ich wieder nach Hause.« Zur Zeit sitzt er noch als Mitglied des Trainerstabs auf der Bank neben Bayern-Chefcoach Pep Guardiola.

Der auf diesem Bild so harmlos und treuherzig wirkende »Tiger« konnte an der Außenlinie unerbittlich zuschlagen.

Karl-Heinz Körbel

Geboren: 1. Dezember 1954, Dossenheim
In der Liga (als Spieler): 602 Spiele (45 Tore) für Eintracht Frankfurt (1972–1991)
In der Liga (als Trainer): Eintracht Frankfurt (1994, 1995–1996)

Für seine Eintracht hätte sich »Charly« buchstäblich zerrissen. Diese Mentalität vermittelt der Bundesliga-Rekordspieler heute Nachwuchskickern in der Frankfurter Fußballschule.

In einem Buch über die Bundesliga darf ihr Rekordspieler nicht fehlen. Unglaubliche 602 Ligaeinsätze hat Karl-Heinz Körbel in den Jahren 1972 bis 1991 absolviert. Und weshalb der Verteidiger auch der »treue Charly« genannt wird, erklärt sich aus dem einfachen Umstand, dass Körbel jedes dieser Spiele im Trikot von Eintracht Frankfurt bestritten hat.

Meister ist Körbel in all den Jahren nicht geworden, aber er hat viermal den DFB-Pokal und auch einmal – 1980 im deutschen Endspiel gegen Borussia Mönchengladbach – den UEFA-Cup gewonnen.

Anlässlich seines Bundesliga-Debüts am 12. Oktober 1972 bekam Körbel es gleich mit dem größten aller möglichen Probleme für einen Verteidiger zu tun: dem »Bomber der Nation«, Bayerns Gerd Müller. Körbel schaltete Müller aus, die Eintracht gewann 2:1. »Solange ich in Frankfurt spiele, steigt die Eintracht nicht ab«, hat »Charly« Körbel irgendwann einmal versprochen, und dafür gab er alles. Etwa im entscheidenden Ligaspiel der Saison 1983/84, als er, der Kapitän, zweimal zum 3:2 gegen Nürnberg traf und sich das Schienbein brach – auch ohne ihn überstand die Eintracht die Relegation gegen Duisburg. Fünf Jahre später im letzten Saisonspiel rettete Körbels Kopfballtor zum 1:1-Endstand gegen Hannover 96 den Frankfurtern die Relegation, und dort, gegen Saarbrücken, verhinderte Körbel ein Tor des Gegners, das den Abstieg wohl besiegelt hätte.

Als Körbel im Alter von 36 Jahren seine Spielerkarriere beendete, wurde er umgehend Jugend- und Assistenztrainer bei Frankfurt. 1994 war er für vier Spiele Cheftrainer, im April 1995 löste er Jupp Heynckes ab, musste aber ein Jahr später selbst gehen. Unter Körbels Nachfolger Dragoslav Stepanović stieg die Eintracht ab.

Der treue »Charly«: Karl-Heinz Körbel berät heute den Vorstand der Eintracht und leitet die Fußballschule des Vereins.

Geboren: 19. November 1944, Castrop-Rauxel
In der Liga: 552 Spiele (14 Tore) für FC Schalke 04 (1965–1980, 1984–1988) und SV Werder Bremen (1981–1984; Werder spielte in Fichtels erster Bremer Saison in der Zweiten Bundesliga)

Klaus Fichtel

Mit viel Übersicht dirigierte Klaus Fichtel bis ins »hohe Alter« die Defensivabteilungen von Schalke und Werder. Die Verstrickung in den Bundesliga-Skandal kostete ihn allerdings die Teilnahmen an der EM 1972 und WM 1974.

Das Lustigste an Klaus Fichtel ist sein Spitzname: »Tanne«. Ansonsten umgab den gebürtigen Westfalen stets eine nüchterne Aura, was daran liegen mag, dass Fichtel einer Generation von Fußballprofis angehörte, die zu Beginn ihrer Karriere noch einem »richtigen« Beruf nachging.

Im Schatten der Zeche Victor-Ickern in Castrop-Rauxel geboren und aufgewachsen, arbeitete Klaus Fichtel zunächst unter Tage. Seinen ersten Arbeitsvertrag als Fußballspieler unterschrieb er 1965 beim FC Schalke 04, wo er über die Jahre u. a. einen verlässlichen Libero abgab. Fichtel wurde Nationalspieler, bestritt 23 Länderspiele, darunter auch einige bei der WM 1970. Nach dem Pokalsieg mit Schalke 1972 wurde er im März 1973 wegen seiner Verstrickung in den Bestechungsskandal der Saison 1970/71 zunächst lebenslang gesperrt. Nach einem halben Jahr erfolgte die Begnadigung.

1980 wechselte »Tanne« zum Zweitligisten Werder Bremen und stieg dort mit Trainer Otto Rehhagel in die Erste Liga auf. Drei Jahre später leistete er mit acht Spielen einen eher geringen Beitrag zu Werders Vizemeisterschaft und erfuhr, dass er, der 38-Jährige, keinen neuen Vertrag erhalten würde.

Mit Beginn der Spielzeit 1984/85 kehrte Fichtel als Assistenztrainer von Diethelm Ferner nach Schalke zurück und konnte nicht ahnen, dass er seine beendet geglaubte Karriere noch einmal fortsetzen würde. Als »Stand-by-Profi« absolvierte er 40 Einsätze, seinen letzten am 21. Mai 1988 im Alter von 43 Jahren – ausgerechnet gegen Werder Bremen. Schon vor der 1:4-Niederlage stand Schalke als Absteiger fest, Fichtel aber sicherte sich durch diesen Auftritt den Rekord als »ältester Feldspieler der Bundesliga«. Die Fans würdigten diese Leistung mit Transparenten: »Der Wald stirbt – die Tanne steht!«

Beweglich, kopfballstark, gute Zweikampfwerte: Klaus Fichtel hat einen festen Platz in der königsblauen Geschichte.

Dieter Hoeneß

Dieter stand immer ein wenig im Schatten seines großen Bruders Uli. Dieser holte ihn aber zu den Bayern, wo er in acht Jahren und 224 Bundesliga-Spielen 108-mal den Ball – meist mit dem Kopf – ins Tor wuchtete.

Geboren: 7. Januar 1953, Ulm
In der Liga (als Spieler): 288 Spiele (127 Tore) für VfB Stuttgart (1977–1979) und FC Bayern München (1979–1987)
In der Liga (im Management): VfB Stuttgart (1990–1995), Hertha BSC Berlin (1996–2009 Vizepräsident, ab 1997 Manager, ab 2001 Vorsitzender der Geschäftsführung), VfL Wolfsburg (2010–2011 Geschäftsführung)

Neben allem, was Dieter Hoeneß gewesen ist, also etwa Manager bei Hertha BSC Berlin, war er früher auch ein »Kopfballungeheuer«. Ein Hrubesch II sozusagen, den sie in seiner Zeit beim VfB Stuttgart – wie anders in der Stadt vom -Daimler – mal als »Schwabenpfeil« bezeichnet hatten. Was ein wenig irritierte, weil Hoeneß nun alles andere als ein schnittiges Stürmermodell war, in der Bewegung glich er eher einer Bahnschranke. Tore schaffte er trotzdem reichlich.

Schon während seiner aktiven Zeit hat man Dieter Hoeneß immer als den kleinen, untalentierteren, vor allem aber deutlich weniger erfolgreichen der beiden Hoeneß-Brüder wahrgenommen. Während der große Bruder Uli mit dem FC Bayern München Titel um Titel holte und schließlich 1974 sogar im eigenen Land Weltmeister wurde – der verschossene Elfmeter im EM-Finale von Belgrad 1976 bleibt hier unberücksichtigt –, nehmen sich die Erfolge des um ein Jahr jüngeren Bruders Dieter vergleichsweise bescheiden aus. Und doch: Bei sechs Einsätzen in der Nationalmannschaft wurde er 1986 immerhin Vizeweltmeister, zudem gibt es auch nicht viele Bundesliga-Spieler, die fünfmal Deutscher Meister wurden.

Der VfB Stuttgart spielt im Leben des Dieter Hoeneß eine prägende Rolle. Dort hat er als Profi nach zwei Jahren in der Zweiten Liga schließlich 1977 in der Bundesliga debütiert, um 1979 mit dem damaligen Trainer Jürgen Sundermann (»Wundermann«) Vizemeister zu werden, ehe ihn sein Bruder Uli für vertraglich festgeschriebene, lächerliche 175 000 Mark Ablöse nach München holte.

Beim VfB Stuttgart startete Hoeneß auch seine Karriere danach. Im Frühjahr 1990 heuerte er als »Direktor für den Marketing- und Lizenzspielerbereich« an, 1992 gelang dem Manager mit Trainer Christoph Daum überraschend der Gewinn der Deutschen Meisterschaft.

War er in Stuttgart noch der »Schwabenpfeil«, so mutierte Dieter Hoeneß in seinen acht Jahren bei Bayern München zum »Mr. Europacup«. Während er in der Bundesliga über die Jahre mal mehr, mal weniger ordentlich traf, lieferte Hoeneß im internationalen Geschäft in schöner Regelmäßigkeit Treffer ab – aber ein europäischer Titel gelang ihm mit den Bayern nicht. Dafür aber wurde Dieter Hoeneß der bis heute prominenteste deutsche »Fußball-Turban-Träger« (FTT).

Es begab sich am 1. Mai 1982 im Frankfurter Waldstadion, im Pokalfinale zwischen dem FC Bayern und dem »Club« aus Nürnberg. In der 13. Minute knallten Hoeneß und der Nürnberger Alois Reinhardt mit den Köpfen zusammen. Während Reinhardt am Spielfeldrand getackert wird, erhält Dieter Hoeneß erst mal einen Mullverband um seinen Kopf gewickelt: den Turban. In der Halbzeit, die Bayern liegen 0:2 zurück, wird Hoeneß ohne Betäubung genäht, kriegt einen neuen Turban, der allerdings im Spiel bald schon wieder blutgetränkt ist.

Der Zusammenprall mit dem Nürnberger Alois Reinhardt machte ihn legendär.

Kurz nach Wiederanpfiff verlängert Hoeneß eine Dremmler-Flanke mit dem Kopf auf Rummenigge, der zum 1:2 trifft. In der 68. Minute schießt Kraus den Ausgleich, vier Minuten später zischt ein Breitner-Elfmeter in Nürnbergs Maschen, und schließlich trifft Dieter Hoeneß in der 89. Minute zum Endstand von 4:2 – per Kopf und mit Turban.

Die Schonzeit ist abgelaufen: ein schmerzunempfindlicher Dieter Hoeneß mit blutdurchtränktem Turban im Pokalfinale 1982.

Geboren: 10. November 1945, Kleve
In der Liga: 242 Spiele (92 Tore) für Rot-Weiß Essen (1966/67, 1969–1971, 1973–1976) und Borussia Dortmund (1976–1979)

Willi Lippens

Lange widerstanden der dribbelstarke Lippens und sein Klub Rot-Weiß Essen allen lukrativen Angeboten. So wurde er Rekordspieler und -torschütze von RWE. Legendär bleiben auch seine kessen Sprüche.

Der Fußball im Ruhrgebiet kannte viele Vertreter, aber keiner war ein so großer Spaßvogel wie Willi Lippens, wegen seines Watschelgangs »Ente« gerufen. Dabei ist Lippens nicht mal ein Kind des Ruhrgebiets, geboren wurde er am Niederrhein – und einen niederländischen Pass besitzt er wegen seines niederländischen Vaters ebenso, weswegen er sogar ein Länderspiel für das Nachbarland bestritt. Beim 6:0 über Luxemburg erzielte Lippens 1971 für die »Elftal« sogar ein Tor.

Lippens selbst hätte lieber für Deutschland gespielt, auch Bundestrainer Helmut Schön hätte den Stürmer gern im Trikot mit dem Adler auflaufen gesehen – doch Vater Lippens hegte aus Weltkriegstagen ein starkes Ressentiment gegen vieles Deutsche, vor allem aber die deutsche Fußballnationalmannschaft. »Wenn wir ein Länderspiel im Fernsehen sahen, hielten wir immer mit der Mannschaft, die gegen Deutschland spielte«, berichtete Lippens einmal von der antideutschen Stimmung daheim.

Zwei Angebote von Ajax Amsterdam ausgeschlagen.

Mitten in der Saison 1969/70 fragte der holländische Rekordmeister Ajax Amsterdam bei Lippens' Klub Rot-Weiß Essen an, ob die Möglichkeit eines Wechsels bestünde. Nein, sagten die finanziell notorisch klammen Essener, die ihren Star kurz zuvor nur durch das Engagement einer Brauerei im Verein hatten halten können. Ajax erneuerte seine Anfrage 1971 nach dem Gewinn des Europapokals der Landesmeister noch einmal, auch Ajax-Rivale Feyenoord Rotterdam und der Bundesliga-Dritte Hertha BSC boten mit. Es lag viel Geld auf dem Tisch – Lippens blieb bei RWE.

Und so wurde der Linksaußen Lippens Bundesliga-Rekordspieler der Essener und – trotz späterer Stürmergrößen wie Horst Hrubesch oder Frank Mill – mit 79 Treffern auch Rekordtorschütze des Vereins in der Bundesliga.

Neben seinen enormen Fähigkeiten im Dribbling und dem mehrfach gekonnt vorgeführten Stoppen des Balles mit dem Po ist Lippens vor allem dank seiner Geschwätzigkeit auf und abseits des Platzes in Erinnerung. Das meistzitierte Beispiel dafür ist folgender Dialog aus dem Jahre 1965, der sich im Regionalligaspiel bei Westfalia Herne – laut Lippens – so begeben haben soll. Schiedsrichter: »Herr Lippens, ich verwarne Ihnen!« Lippens: »Ich danke Sie.« Die kesse Antwort wurde vom Unparteiischen mit einer Roten Karte gewürdigt.

1976 wechselte Willi Lippens im Alter von 30 Jahren zu Borussia Dortmund, weil man in Essen seinen Gehaltsvorstellungen nicht mehr entsprechen konnte. 25 000 Mark zahlte der BVB an RWE. Zwar wurde Lippens auch im Westfalenstadion schnell zum Publikumsliebling, seine Torgefährlichkeit hatte er indes eingebüßt – drei Jahre benötigte er, um für seine Verhältnisse »schlappe« 13 Tore zu erzielen, diese Anzahl hatte er in seiner Essener Zeit im Schnitt pro Saison abgeliefert.

Und als »Ente« Lippens nach einem achtmonatigen, gut bezahlten Tripp zu Dallas Tornado aus der US-amerikanischen Liga an die Hafenstraße zurückkehrte, traf er auch wieder wie zuvor: 14 Treffer in 29 Zweitligaspielen, für den Aufstieg reichte es am Ende dennoch nicht.

Eine Koryphäe am Ball: Plattfüße und leicht krumme Beine konnten »Ente« Lippens nicht von einer erfolgreichen Karriere abhalten.

Angenehm unaufgeregt und eher wortkarg moderierte Ernst Huberty (l.) die Spiele der Bundesliga. Für mehr Gesprächsstoff sorgte da schon Frank Mill (r.), der laut seinem ehemaligen Dortmunder Teamkollegen Norbert Dickel »mit allen Abwässern gewaschen ist«.

Ernst Huberty

Am Anfang war nur die *Sportschau*. Und er. Der Mann mit dem Betonscheitel: »Mister Sportschau«. Seit Einführung der Bundesliga moderierte Ernst Huberty die samstäglichen Zusammenfassungen, deren spannendster Moment gleich am Anfang kam: wenn die drei Spiele hinter ihm angeschlagen wurden, denen die Redaktion ausführliche Berichte gönnte. Von den anderen sechs Partien wurden bloß nüchtern die Ergebnisse aufgelistet.

Ähnlich gediegen wie der Ablauf der Sportschau waren auch Hubertys Reportagen von wichtigen Länder- oder Europapokalspielen. Sachlich, ohne falsche Aufreger, mit dem bevorzugten Stilmittel der Wiederholung: »Libudas Ball senkt sich ins Tor, ins Tor, ins Tor. Es ist unglaublich, Libudas Ball senkt sich ins Tor.«

Eine Spesenaffäre versuchte 1982 Hubertys Wechsel ins Dritte Programm des *Westdeutschen Rundfunks*. Später dann zog es ihn zu den jungen Privatsendern *Premiere* und *Sat.1*, für die er auch seine Nachfolgergeneration coachte: Reinhold Beckmann, Johannes B. Kerner, Monica Lierhaus und Oliver Welke. Hubertys Rat: »Nicht alles zutexten, dann hat man einen großen Schritt nach vorn gemacht.«

Geboren: 22. Januar 1927, Trier
In der Liga: Moderator der *ARD-Sportschau* (1963–1982), Kommentator bei *Premiere* (1994–1999) und *Sat.1* (2002)

Frank Mill

Der Stürmer Frank Mill hat für Rot-Weiß Essen, Borussia Mönchengladbach, Borussia Dortmund und Fortuna Düsseldorf insgesamt 123 Bundesliga-Tore erzielt. Berühmt geworden ist er allerdings wegen eines Tores, das er gar nicht geschossen hat: am 9. August 1986 in München, bei seinem ersten Spiel für Borussia Dortmund. In seinen Worten: »Aus dem Mittelfeld durchstieß ein langer Pass die Abwehrreihe. Keiner der Bayern-Spieler hatte aufgepasst, und ich hatte freie Bahn. Kurz vor dem herausstürmenden Jean-Marie Pfaff kam ich an den Ball. Mit einer einfachen Körpertäuschung ließ ich Pfaff ins Leere laufen. Eine Ballberührung, eine zweite. (…) Als ich die Grenze zum Fünfmeterraum passierte, tobten die Fans, als wäre der Ball längst im Tor. (…) Ich hätte genug Zeit gehabt, den Ball einfach ins Tor zu schieben. (…) Mein Plan: ausholen, den Ball zwischen die Füße klemmen und nach einem Übersteiger elegant einschieben. Noch hatte ich genug Zeit dafür, dann sah ich jemanden im Augenwinkel näher kommen. Es war Pfaff, der mit letzter Kraft vom Strafraumrand zurückwetzte. Panik stieg in mir auf: Jetzt nur noch den Ball im Tor unterbringen! Ich schoss – und traf den Pfosten. Aus drei Metern!«

Geboren: 23. Juli 1958, Essen
In der Liga: 387 Spiele (123 Tore) für Rot-Weiß Essen (1976/77), Borussia Mönchengladbach (1981–1986), Borussia Dortmund (1986–1994) und Fortuna Düsseldorf (1995/96)

Bis 1992 sorgte Jurist Hans Kindermann (l.) für Recht und Ordnung auf den Bundesliga-Plätzen und ahndete als »Papa Gnadenlos« schlechtes Benehmen. Vielleicht ein Vorteil für Mario Basler (r.), der nicht immer nur durch attraktiven Fußball auffiel.

Hans Kindermann

Im Rückblick auf seine größte Stunde wird bisweilen behauptet, Hans Kindermann habe der Bundesliga das Überleben gesichert. Dabei hat der Mann mit der dickrandigen Brille nie nennenswert gegen den Ball getreten. Kindermann war Jurist, Strafrichter in Stuttgart, vor allem aber seit Bundesliga-Gründung 1963 auch für den DFB tätig: als Vorsitzender des Kontrollausschusses, vulgo »Chefankläger«.

Als solcher verfolgte er 1971 den Bundesliga-Skandal, rekonstruierte, wie der komplette Abstiegskampf durch den Transfer von Geldkoffern verschoben wurde, führte unerbittliche Verhöre, erwirkte harte Strafen gegen Spieler, Vereine, Funktionäre und konnte am Schluss zufrieden feststellen: »Wir haben den Sumpf trockengelegt.«

Wäre es nur dabei geblieben, mag so mancher gedacht haben. Doch »Papa Gnadenlos« sorgte noch bis 1992 für Gerechtigkeit auf dem Bundesliga-Platz. Samstags um halb vier wartete er am Radio auf mögliche Verfehlungen, spätestens nach *Sportschau* und *Sportstudio* waren sie dann geschrieben, seine Anklagen und Vorladungen. Es ging nicht mehr um die großen Manipulationen, sondern um schlechtes Benehmen. Aber Kindermann blieb unbeugsam. Zum Karriereende wurde er dafür mit dem Bundesverdienstkreuz ausgezeichnet. So ist's recht.

Geboren: 10. Februar 1922, Teplitz-Schönau
In der Liga: Vorsitzender des DFB-Kontrollausschusses (1963–1992)

Mario Basler

Er sei eine Mischung aus Albert Einstein und Harald Juhnke, hat Mario Basler einmal über sich gesagt. Unabhängig davon war »Super-Mario« ganz sicher einer der besonderen Spieler in der Bundesliga-Geschichte. Das ging auf dem Platz los, wo er alle möglichen Arten von Toren schoss, bloß keine langweiligen. Mal verwandelte er Ecken direkt, besonders gern zirkelte er Freistöße in seltsamen Bögen ins Tor, und wenn er allein vor dem Torwart auftauchte, dann entschied er sich für den Lupfer. In der Saison 1994/95 brachte er es als Mittelfeldspieler sogar zum Torschützenkönig.

Auch sonst tat Basler nicht, was von Bundesliga-Profis gemeinhin erwartet wird. Im Trikot von Werder Bremen zeigte er den eigenen Fans mit beiden Fingern ausdauernd den Vogel, als Akteur seines Heimatklubs Kaiserslautern klaute er einem Zuschauer vor Ausführung eines Eckballs den Pepitahut. Und beim FC Bayern flog er raus, weil er sich im Weißbier-Rausch eine Kneipenkeilerei geliefert hatte.

Bier hat er immer gern getrunken und am Tag eine Schachtel Zigaretten geraucht. Deshalb ist er auch nicht ganz so viel gelaufen auf dem Platz. Denn Mario Basler wusste: Er war gut genug, sich das erlauben zu können.

Geboren: 18. Dezember 1968, Neustadt an der Weinstraße
In der Liga: 262 Spiele (62 Tore) für den 1. FC Kaiserslautern (1987–1989, 1999–2003), SV Werder Bremen (1993–1996) und FC Bayern München (1996–1999)

Manfred Kaltz

Geboren: 6. Januar 1953, Ludwigshafen/Rhein
In der Liga: 581 Spiele (76 Tore) für den Hamburger SV (1971–1989 und 1990/91)

Der offensive rechte Verteidiger war ein exzellenter Fußballer, der zudem auch eine immense Torgefahr ausstrahlte. Zahlreiche Titel säumen die Laufbahn des Rekordspielers des HSV.

Manfred Kaltz vereinte zwei Eigenschaften in sich, die ihn zu einem einzigartigen Bundesliga-Spieler machten. Erstens galt der Außenverteidiger des Hamburger SV als Erfinder der sogenannten »Bananenflanke«, zum anderen war er außergewöhnlich treffsicher vom Elfmeterpunkt. 53 seiner insgesamt 76 Ligatore erzielte Kaltz per Strafstoß – das ist einsamer Ligarekord. Nicht eingerechnet in die Torbilanz des gebürtigen Rheinland-Pfälzers sind dabei jene sechs Eigentore, die ihm im Laufe seiner insgesamt 19 Bundesliga-Jahre unterliefen – eine Bestleistung, die Kaltz sich mit dem Mainzer Mazedonier Nikolče Noveski teilt. Als der HSV dem 36-Jährigen nach 18 Dienstjahren zum Ende der Spielzeit 1988/89 keinen längerfristigen Vertrag anbieten wollte, verließ Kaltz den Verein und wechselte in die französische Ligue 1, zunächst zu Girondins Bordeaux, dann zum FC Mulhouse. Nach etwas mehr als einem Jahr kehrte er nach Hamburg zurück und zog nach weiteren 13 Spielen im Volkspark mit seiner Mannschaft und Trainer Gerd-Volker Schock in den UEFA-Cup ein.

Mit insgesamt 581 Ligaeinsätzen ist Manfred Kaltz Bundesliga-Rekordspieler des HSV und selbstredend auch einer der erfolgreichsten Spieler der »Rothosen«: drei Deutsche Meisterschaften (1979, 1982, 1983), zwei DFB-Pokale (1976 und 1987) sowie auf internationaler Ebene der Gewinn des Europapokals der Pokalsieger (1977) und des der Landesmeister (1983).

Richtig gescheitert ist Manfred Kaltz nur ein einziges Mal: Als er bei der WM 1978 in Argentinien die Liberoposition bekleidete, deren Amtsinhaber Franz Beckenbauer im Jahr zuvor zurückgetreten war, ging die deutsche Mannschaft gnadenlos unter. Stichwort: Cordoba.

Unvergleichliche Schusstechnik: In dem Moment, wo »Manni« Kaltz den Ball vor das Tor flankte, …

Geboren: 17. April 1951, Hamm
In der Liga (als Spieler): 224 Spiele (136 Tore) für Rot-Weiß Essen (1975–1977), Hamburger SV (1978–1983) und Borussia Dortmund (1985/86)
In der Liga (als Trainer): Dynamo Dresden (1994/1995)

Horst Hrubesch

So sicher wie die Kopfbälle von Horst Hrubesch im gegnerischen Tor landeten, so treffend sind auch seine originellen Stilblüten.

Wenn sein Mitspieler Manfred Kaltz eine seiner schnittigen Bananenflanken von rechts außen in den gegnerischen Sechzehnmeterraum hineinzirkelte, stand dort eigentlich immer Horst Hrubesch, das »Kopfballungeheuer«, der »Lange«, knallte seine Stirn in den Ball und den ins Tor. »Manni Flanke, ich Kopf, Tor!«, hat Hrubesch diese Offensivvariante beschrieben, die dem Hamburger SV, Manni Kaltz und ihm nicht weniger als drei Deutsche Meistertitel sowie den Gewinn des Europapokals der Landesmeister bescherte.

Auf Empfehlung von Werner Lorant war Hrubesch Mitte der 1970er-Jahre beim Traditionsklub Rot-Weiß Essen gelandet. In seinen ersten 48 Erstligaspielen für RWE beförderte der bullige 1,88-Meter-Mann den Ball satte 38-mal ins gegnerische Tor, nach dem Abstieg in die Zweite Liga brachte er es gar auf 41 Tore, was für die Rückkehr ins Oberhaus allerdings nicht langte. Und so wechselte Hrubesch – trotz Vorvertrags mit Eintracht Frankfurt – zum HSV von Günter Netzer und Branko Zebec.

In Hamburg wurde er gleich im ersten Jahr Deutscher Meister, Nationalspieler und erzielte das Siegtor im EM-Finale 1980 gegen Belgien – natürlich mit dem Kopf. 1982 folgte der zweite Meistertitel, Hrubesch wurde mit 27 Treffern Torschützenkönig, anschließend Vizeweltmeister. Nach dem Gewinn des Europapokals 1983 wurde der Vertrag von Kapitän Hrubesch beim HSV aus Altersgründen nicht mehr verlängert.

Nach zwei Jahren bei Standard Lüttich kehrte Hrubesch im Alter von 34 Jahren noch einmal in die Bundesliga zurück, zu Borussia Dortmund. Damals beendete eine Leistenoperation die Karriere mitten in der Saison. Heute ist Horst Hrubesch Trainer von Nachwuchsmannschaften des DFB.

… wartete dort meist schon sehnsüchtig Horst Hrubesch als Hauptabnehmer und »Kopfballungeheuer« in Personalunion.

PUMA
CITIBANK

Pierre Littbarski

Dank seiner Beliebtheit in Japan, dem Land, in dem er nach seiner Zeit in Köln sportlich und privat Fuß fasste, tritt »Litti« als Figur in dem Japanisch-Lehrbuch Japanisch im Sauseschritt auf. Im Sauseschritt vernaschte er auch so manche Abwehrreihe.

Geboren: 16. April 1960, Berlin
In der Liga (Spieler): 406 Spiele (116 Tore) für den 1. FC Köln (1978–1986 und 1987–1993)
In der Liga (Trainer): VfL Wolfsburg (2011)

Als der Begriff Dribbling in Reportagen über Fußball noch in regelmäßigem Gebrauch war, war Pierre Littbarski so etwas wie der quicklebendige Anschauungsunterricht zum Thema. Der Linksfuß, der in 15 Jahren in der höchsten deutschen Spielklasse ausschließlich für den 1. FC Köln am Ball war, lief gern Slalom durch die gegnerischen Spieler. Zunächst auf dem rechten Flügel, im späteren Verlauf seiner Karriere dann immer mehr auch zentral.

Neben all seinen exzeptionellen technischen Fähigkeiten war Pierre Littbarski auch ein Spieler, der in der muffigen Bundesliga der 1980er-Jahre, der biederen, angstvollen Ära von Jupp Derwall, Helmut Kohl und Rolf Kramer also, einen gut gelaunten Kontrapunkt setzte. Er war der niedliche »Litti«. Kinder und Frauen liebten ihn, weil er so niedlich war, und die Männer liebten ihn, weil er kicken konnte. Und manche liebten ihn auch, weil er Witze machte wie den, dass er (1,68 Meter) nicht mehr länger mit seinem Kölner Mannschaftskollegen Thomas Häßler (1,66 Meter) das Zimmer teilen könne: »Einer muss ja schließlich an die Türklinke kommen.« Sei's drum.

Für 25 000 Mark war Pierre Littbarski aus seiner Heimatstadt Berlin im Sommer 1978 zum Deutschen Meister und Pokalsieger gewechselt. Zum Training fuhr Littbarski zunächst mit dem Mofa, wo er dann den Anweisungen des knurrigen Trainers Hennes Weisweiler im Kreis der Flohes, Schumachers, Müllers, Konopkas und van Gools folgen durfte. Es dauerte indes nicht lange, da war Littbarski selbst ein Star. Er wurde Nationalspieler, 1982 und 1986 wurde er Vizeweltmeister, ehe er dann 1990 mithalf, in Italien den Titel zu holen. Das WM-Finale in Rom war sein letztes Spiel im Nationaltrikot. Nach der WM 1986 war Littbarski zu Racing Paris gewechselt, konnte sich dort aber nicht gegen die starken Uruguayer Enzo Francescoli und Rubén Paz durchsetzen. Daheim in Köln fasste derweil Sportdirektor Udo Lattek den Plan, »Litti« zurückzuholen, nur die Finanzierung war das Problem. Im August 1987 gab der Spieler seinem Exklub ein sattes Darlehen über 500 000 Mark, damit der sich den 2,8 Millionen schweren Rückkauf leisten konnte.

Es folgten erfolgreiche Jahre mit dem FC, seinem Trainer Christoph Daum und Kapitän Pierre Littbarski. 1988 wurde die Mannschaft Dritter, 1989 und 1990 jeweils Zweiter in der Liga, man stand im Halbfinale des UEFA-Cups und im Finale um den DFB-Pokal. Nach einer verletzungsbedingten Pause von sieben Monaten fand Littbarski 1991 nicht mehr zu alter Form zurück – seinem Klub ging es ähnlich. Im Abstiegskampf der Saison 1992/93 kam es zu Differenzen, Littbarski verlor das Kapitänsamt, verließ Köln, ging in die neu gegründete japanische J-League zum Tokioter Verein JEF United Furukawa und wurde dann zum Trainer und »Journeyman«.

Wechsel zu Racing Paris entpuppt sich als Missverständnis.

Über Stationen in Japan (u. a. Meister mit dem FC Yokohama), Deutschland (Co-Trainer Bayer Leverkusen, Trainer MSV Duisburg), Australien (Meister mit dem FC Sydney), Saipa Teheran (Iran) und dem FC Vaduz (Liechtenstein) ist Pierre Littbarski 2010 wieder in Deutschland gelandet. Beim VfL Wolfsburg hat er nach Tätigkeiten als Co- und Interimscheftrainer den Posten des Chefscouts übernommen.

Der Mann mit den »Säbelbeinen« konnte während seiner Zeit beim 1. FC Köln nur einen Titel holen: 1983 gewann er den DFB-Pokal nach einem 1:0-Finalsieg über den Stadtrivalen Fortuna.

Hans-Georg

»Katsche«

Schwarzenbeck

Er war der stille Star des Bayern-Ensembles der 1970er-Jahre, stand nie im Mittelpunkt wie Beckenbauer, Müller oder Hoeneß, war jedoch unersetzlich für die Seele einer Mannschaft, die ohne ihn nicht so viel Erfolg gehabt hätte.

Geboren: 3. April 1948, München
In der Liga: 416 Spiele (21 Tore) für den FC Bayern München (1966–1981)

Es war auch einem geografischen Zufall geschuldet, dass der gebürtige Münchener Hans-Georg Schwarzenbeck eines Tages beim FC Bayern landete. Im Alter von zwölf Jahren hatte Schwarzenbeck mit dem Fußballspielen begonnen, bei den Sportfreunden München. Deren Platz lag unweit des Bayern-Trainingsgeländes. Und als Schwarzenbecks Jugendteam aufgelöst wurde, weil nicht ausreichend Spieler zur Verfügung standen, wechselte er der Einfachheit halber die Straßenseite und wurde ein »Roter«. Und was für einer.

Müller, Maier, Beckenbauer und er – das waren die großen vier des FC Bayern München in den für den Verein besonders erfolgreichen 1970er-Jahren. Hans-Georg Schwarzenbeck, den alle nur »Katsche« nannten, wobei Schwarzenbeck bis heute nicht weiß, was sein Spitzname bedeutet, der ihm in der Jugend angeheftet worden war.

Als »Putzer des ›Kaisers‹« ließ er Beckenbauer gut aussehen.

Dabei passte »Katsche« geradezu perfekt auf die Spielweise des knorrigen Verteidigers: »Katsche« klingt nach kantig, nach resolut dazwischen gehen, aber gleichermaßen auch nach Aufrichtigkeit, Ehrlichkeit und ein bisschen eben auch nach der fußballerischen Entsprechung für Sancho Panza und Johann Peter Eckermann, jenen treuen Begleitern großer Helden der Weltliteratur. Einer Rolle also, die »Katsche« Schwarzenbeck auf dem Rasen überragend ausfüllte: »Katsche« hatte den großen Helden Franz Beckenbauer gut aussehen zu lassen. Folglich erledigte Schwarzenbeck die Kärrnerarbeit für den daneben strahlend, leichtfüßig tänzelnden Libero. »Katsche« war der Putzer des »Kaisers«.

Auch aufgrund seiner klaren Aufgabenzuweisung erzielte der durchaus offensivbegabte Schwarzenbeck in seiner Karriere nicht übermäßig viele Treffer. Eher zählte er zu den konstanten Torschützen: In den zehn Spielzeiten zwischen 1969 und 1979 schaffte »Katsche« stets mindestens einen Treffer. Seinen unzweifelhaft wertvollsten für die Bayern hat er noch dazu nicht in der Bundesliga erzielt.

Im Mai 1974 spielte der Deutsche Meister aus München im Finale des Europapokals der Landesmeister in Brüssel gegen Atlético Madrid. In der Nachspielzeit der Verlängerung gelang Schwarzenbeck der Ausgleich zum 1:1. Zwei Tage darauf gewannen die Bayern das Wiederholungsspiel und damit auch den ersten ihrer drei Landesmeistercups in Serie.

Kurze Zeit später war Schwarzenbeck auch noch Weltmeister. Kapital hat er daraus nicht geschlagen. »Ich bin keiner, der hinterher hingeht und sagt: Ich bin Weltmeister und will jetzt mehr Geld«, hat »Katsche« Schwarzenbeck einmal bekannt.

Während drei der großen vier in den letzten Jahren wieder in verschiedenen Funktionen beim FC Bayern München tätig geworden sind, ob als Trainer und Präsident (Beckenbauer), als Torwarttrainer (Maier) oder ganz normaler Trainer (Müller), hat Hans-Georg Schwarzenbeck seine Dienstleistermentalität aus der aktiven Zeit hinübergerettet ins Alter. Bis zum Sommer 2009 besaß der gelernte Buchdrucker in der Münchener Ohlmüllerstraße einen Kiosk und belieferte von dort die Geschäftsstelle seines Ex-Vereins mit Schreibmaterialien.

»Vielleicht war er der bescheidenste Nationalspieler, den der deutsche Fußball je hatte«, mutmaßte der *Kicker* über den hier schüchtern blickenden Schwarzenbeck. Wolf Wondratschek widmete ihm ein ganzes Gedicht.

Auf der

Bank

Christoph Daum

Otto Rehhagel

Ottmar Hitzfeld

Giovanni Trapattoni

Ralf Rangnick

Hennes Weisweiler

Hans Meyer

Volker Finke

Jürgen Klopp

Ernst Happel

Udo Lattek

Max Merkel

6.

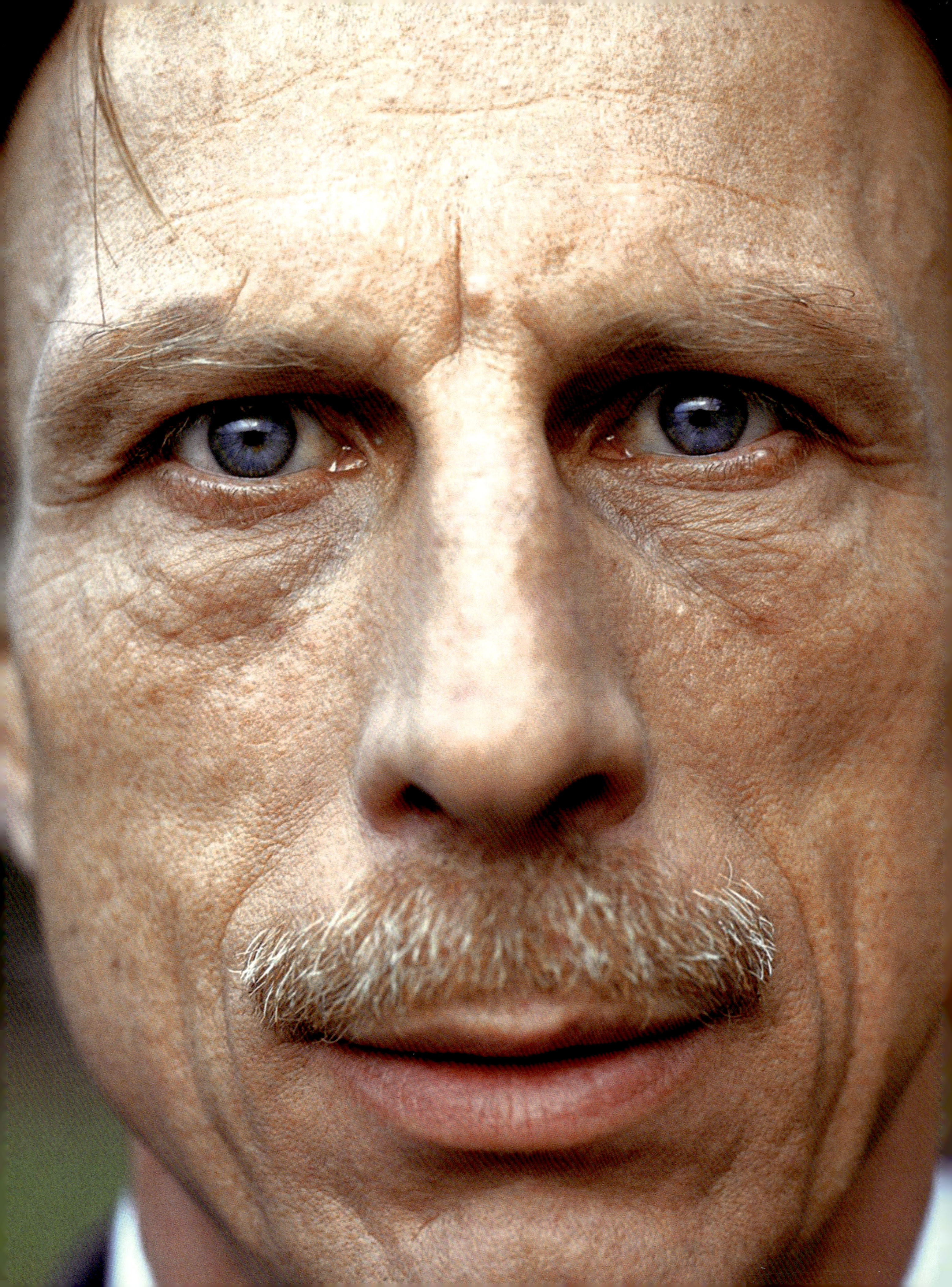

Christoph Daum

Nur weniger Trainer der Bundesliga haben die Massen so polarisiert wie Christoph Daum. Eine zuweilen überhebliche Art der Selbstinszenierung und eine Kokainaffäre stehen dem Ruf des akribisch arbeitenden, erfolgreichen Fußballfachmanns gegenüber.

Geboren: 24.10.1953, Zwickau
In der Liga: 1. FC Köln (1986–1990 und 2008/09*),
VfB Stuttgart (1990–1993), Bayer Leverkusen (1996–2000) und Eintracht Frankfurt (2011)

*Daum wechselte 2006 zu dem damaligen Zweitligisten, stieg mit den Kölnern 2008 in die Erste Liga auf.

Grob unterschieden gibt es zwei Sorten von Bundesligatrainern. Die einen lieben die Abgeschiedenheit, sie arbeiten im Stillen, nur mit der Mannschaft, sie scheuen Arbeitsplätze mit hoher Medienkonfrontationsdichte wie etwa die in Hamburg, Frankfurt, München oder Köln. Die anderen Trainer suchen die Öffentlichkeit, sie laufen erst im Fokus der Massen zur Höchstform auf und senden ihre Nachrichten dann in einer Frequenz und Nachdrücklichkeit aus, die als anstrengend bezeichnet werden kann.

Der Trainer Christoph Daum zählt uneingeschränkt zur zweiten Kategorie! Daum liebt jedwede Inszenierung in seinem ausgeprägten Streben nach Anerkennung. Erinnerungswürdig sind seine Auftritte im *Aktuellen Sportstudio*, als er dort im Mai 1989 den FC Bayern München in Gestalt von Manager Uli Hoeneß (»Um dein Maß an Selbstüberschätzung zu kriegen, muss ich 100 Jahre alt werden«) und Trainerkollege Jupp Heynckes attackierte. Unvergessen auch seine Beteuerungen und späteren Entschuldigungen (»Ich habe Kokain zu mir genommen«) in der von seinem ewigen Widersacher Uli Hoeneß im Jahre 2000 ausgelösten Daum-darf-nicht-Bundestrainer-werden-Kampagne. Und wenn man von seiner Hochzeit im Mittelkreis des Müngersdorfer Stadions einmal absieht, war der vorerst letzte Höhepunkt jene bizarre Pressekonferenz in einem Kölner Krankenhaus zum offiziellen Karnevalsauftakt am 11.11. des Jahres 2006. Daum hatte in der Klinik eine Mandeloperation über sich ergehen lassen müssen und ließ die aus ganz Deutschland angereiste Presse wissen, er werde keinen Job beim Zweitligisten 1. FC Köln übernehmen – ein paar Tage später unterschrieb Daum einen Vertrag bei seinem Ex-Klub, bei dem er 1990 unter merkwürdigen Umständen entlassen worden war. Eine Stadt tickte aus: »Habemus Daum« schrieben die Boulevardzeitungen, und Menschen in Köln trugen T-Shirts, auf denen neben dem Daum'schen Konterfei zu lesen stand: Messias.

Ein Kölner Trainermessias aus Zwickau.

Nicht in einem Stall in Bethlehem, sondern in der ostdeutschen Arbeiterstadt Zwickau hatte Christoph Daum als Sohn eines Bergmanns das Licht der Welt erblickt. Der Vater starb, als Daum sechs Jahre alt war. Von da ab galt es für den Jungen, sich durchzusetzen – oder zu fliehen. Wie 1993, als er beim VfB Stuttgart in Spätfolge seines Wechselfehlers (überzähliger vierter Nicht-EU-Spieler) gegen Leeds United in der Champions League ein Wiederholungsspiel verursachte und der VfB ausschied. Wie 2001 nach seiner positiven Kokainhaarprobe, als er in Leverkusen vor die Tür gesetzt wurde, zunächst nach Florida floh und dann zu Beşiktaş Istanbul in die Türkei ging.

Man mag über Christoph Daum vieles denken, im Ergebnis ist er vor allem eines: ein extrem zielorientierter, in der Ansprache seiner Spieler extrem präziser und am Ende auch ein extrem erfolgreicher Trainer. Er war Deutscher Meister (VfB Stuttgart), Türkischer Meister (Beşiktaş Istanbul, Fenerbahçe Istanbul) und Pokalsieger (Beşiktaş) sowie Double-Gewinner in Österreich (Austria Wien). Oft hat er Mannschaften in schwierigen Situationen geholfen, auch wenn ihm mit Leverkusen und Köln in der Bundesliga nur fünf Vizemeisterschaften blieben.

Ein Trainer im schonungslosen Porträt: Nicht nur das harte Bundesliga-Geschäft hat Spuren bei Christoph Daum hinterlassen.

Otto
Rehhagel

Ihm wird vorgeworfen, Trainingsmethoden anzuwenden, die fast aus der Antike stammen könnten. Ob er deshalb mit Griechenland 2004 Europameister wurde?! Aber auch in der Bundesliga konnte der einstige Verteidiger als Coach von Werder und Lautern einige Titel sammeln.

Geboren: 9. August 1938, Essen
In der Liga (als Spieler): 201 Spiele (22 Tore) für Hertha BSC Berlin (1963–1965) und 1. FC Kaiserslautern (1966–1972)
In der Liga (als Trainer): Kickers Offenbach (1974–1975), SV Werder Bremen (1976 und 1981–1995), Borussia Dortmund (1976–1978), Arminia Bielefeld (1978/79), Fortuna Düsseldorf (1979/80), FC Bayern München (1995/96), 1. FC Kaiserslautern (1997–2000) und Hertha BSC Berlin (2012)

Einer seiner ehemaligen Spieler, der frühere Torwart Jürgen Rollmann, hat über Otto Rehhagel einmal geäußert: »Ich erwartete hoch komplizierte taktische Besprechungen vor einem Spiel. Stattdessen überkam mich mehr als einmal ein Lachanfall, wenn Rehhagel wild gestikulierend beschrieb, dass wir wie die Musiker eines philharmonischen Orchesters auf den Platz gehen sollten, mit dem Geigenkasten in der Hand. Und wenn sich der Gegner dann sicher fühle, ›holen wir aus dem Geigenkasten die Maschinenpistolen – und ratatatata. Wie in Chicago 1930!‹«

Unfassliche 836 Bundesliga-Spiele hat der Cheftrainer Otto Rehhagel auf der Bank zugebracht, weit mehr als jeder andere seiner Kollegen. 836 Spiele, das wäre eigentlich reichlich Zeit, jemanden kennenzulernen, doch die Ansichten über Rehhagel gehen weit auseinander. In München etwa, wo er 1996 nach nicht mal einer Saison beim FC Bayern entlassen wurde, halten sie ihn für keinen guten Trainer. Auch nicht bei der Dortmunder Borussia, der er 1978 die Bundesliga-Rekordniederlage eintrug: Das 0:12 gegen Mönchengladbach bescherte dem Trainer den Spitznamen »Otto Torhagel«.

Mit 824 Spielen auf der Trainerbank hält Otto Rehhagel den Bundesliga-Rekord.

Am besten zurecht kam Rehhagel stets in der Provinz, wo das Medieninteresse wenig bis gar nicht ausgebildet war oder die begleitenden Journalisten mindestens Sympathisanten des Klubs waren, den Rehhagel gerade trainierte. Bei Werder Bremen etwa, wo er nach zahlreichen Kurzengagements (»Otto Notnagel«) ab 1981 für unfassliche 14 Jahre sesshaft wurde, formte er aus dem Zweitligisten zunächst einen Aufsteiger, dann eine Meister- (1988, 1993) und Pokalsiegermannschaft (1991, 1994), zudem gewann er 1992 den Europapokal der Pokalsieger. Den 1. FC Kaiserslautern, jenen Verein, für den er als knallharter Verteidiger die meisten Ligaeinsätze bestritten hatte, führte Otto Rehhagel 1998 als Aufsteiger zum Titel – bis heute einmalig in der Bundesliga-Geschichte.

Die Position des Underdogs hat dem gelernten Anstreicher Rehhagel immer am besten gelegen. Ließ man ihn »König Otto« sein und feierte als Philosophie seine Binsen (»Die Wahrheit liegt auf dem Platz«), war er ganz bei sich. Dann konnte der Trainer Fußballwunder vollbringen. An der Weser, in der Pfalz und mit dem EM-Titel 2004 für Griechenland.

Bei all seinen Stationen vertraute Rehhagel immer wieder älteren Spielern: bei Bremen etwa Klaus Allofs, Manfred Burgsmüller, Klaus Fichtel und Mirko Votava, von denen mancher meinte, sie wären nicht mehr in der Lage, auf dem geforderten Niveau mithalten zu können.

Immer wieder wurde Rehhagel zudem vorgehalten, er spiele einen nicht mehr zeitgemäßen Fußball. »Modern ist, wenn man gewinnt«, entgegnet Rehhagel solcher Kritik – man könnte auch sagen: Wer gewinnt, hat Recht. Und das hatte der Trainer Otto Rehhagel oft genug in seiner Karriere. Mit einer Ausnahme vielleicht. Als der inzwischen 73-Jährige im Februar 2012 Hertha BSC Berlin übernahm, war er sicher, den Bundesliga-Abstieg vermeiden zu können. In der Relegation scheiterte Rehhagel an einem seiner Ex-Klubs, Zweitligist Fortuna Düsseldorf.

Beeindruckende 14 Jahre gab Otto Rehhagel die Marschrichtung bei Werder Bremen vor – mit Kaiserslautern in der Bundesliga und der griechischen Nationalelf bei der EM schrieb der gebürtige Essener Fußballgeschichte.

DBV
TEAMSPIRIT
puma

Ottmar Hitzfeld

Geboren: 12. Januar 1949, Lörrach
In der Liga (als Spieler): 22 Spiele (5 Tore) für den VfB Stuttgart (1977/78)
In der Liga (als Trainer): Borussia Dortmund (1991–1997) und FC Bayern München (1998–2004 und 2007/08)

Dank seiner großen Erfolge mit Dortmund und dem FC Bayern wurde der »General« 1997 und 2001 zum »Weltklubtrainer« gewählt. Stets haftete ihm das Image des akribischen Arbeiters in Anzug und Krawatte an.

Im Sommer 2008 schloss sich der Kreis: Der 59-jährige Ottmar Hitzfeld kehrte beruflich in die Schweiz zurück, jenes Land, in dem er 25 Jahre zuvor seine große Trainerkarriere gestartet hatte. Hitzfeld übernahm die Nationalmannschaft, die »Nati«, für zwei Jahre mit dem Ziel, sie zur Weltmeisterschaft in Südafrika zu führen.

Begonnen hatte Hitzfeld auf der Bank beim Zweitligisten SC Zug. Nach Stationen in Aarau und beim Grasshopper Club Zürich, mit dem er 1990 und 1991 den Schweizer Meistertitel holte, folgte dann der Sprung in die Bundesliga. Der 42-Jährige wechselte zu Borussia Dortmund, wo der Erfolg nicht lange auf sich warten ließ.

In seinem ersten Jahr trainierte er den BVB aus der Abstiegsregion zur Vizemeisterschaft, sogar die Meisterschaft wäre am letzten Spieltag noch möglich gewesen. Im Jahr darauf wurde Dortmund erst im UEFA-Cup-Finale von Juventus Turin gestoppt. 1995 und 1996 folgten zwei Meistertitel, 1997 glückte die Revanche an »Juve« im Champions-League-Endspiel – auf dem Höhepunkt seiner Dortmunder Zeit ließ sich Hitzfeld vom Traineramt auf den Posten des Sportdirektors wegloben, wo ihn schnell die Langeweile ereilte.

1998 wechselte er auf die Trainerbank zurück, zum Dortmunder Rivalen Bayern München. Ein Jahr vor Ablauf seines Vertrages wird Hitzfeld wegen des schwachen sportlichen Abschneidens durch Felix Magath ersetzt, den Hitzfeld wiederum am 1. Februar 2007 beerbt. Hitzfelds Bayern-Bilanz liest sich prächtig: fünf Meistertitel zwischen 1999 und 2008, drei DFB-Pokal-Siege sowie 2001 der Gewinn von Champions League und Weltpokal. Nur Ernst Happel war es zuvor gelungen, mit zwei verschiedenen Vereinen die Champions League zu gewinnen.

Kein Mann der großen Gestik: Während seiner Zeit beim FC Bayern gab sich Hitzfeld eher kontrolliert und zeigte wenig Emotionen.

Für die italienischen Momente im Leben: Der »Maestro« dirigiert, gestikuliert – und fasziniert.

Geboren: 17. März 1939 in Cusano Milanino (Italien)
In der Liga: FC Bayern München (1994/95 und 1996–1998) und VfB Stuttgart (2005/06)

Giovanni Trapattoni

Die Vita des Giovanni Trapattoni weist unzählige Trainerstationen und Erfolge auf. In der Bundesliga ist er vor allem wegen seiner Zeit beim FC Bayern in Erinnerung geblieben, in der er Meister sowie DFB-Pokal-Sieger wurde und eine emotionale »Wutrede« hielt.

Am 10. März 1998 gegen 15 Uhr gab der damalige Trainer des FC Bayern München im Vereinsheim an der Säbener Straße eine Pressekonferenz. Genauer gesagt war es ein knapp drei Minuten langer Monolog, der hier in Auszügen wiedergegeben wird:

»Es gibt im Moment in diese Mannschaft, oh, einige Spieler vergessen ihren Profi, was sie sind. (...) Ein Trainer ist nicht ein Idiot! Ein Trainer sehen, was passieren in Platz. In diese Spiel es waren zwei, drei oder vier Spieler, die waren schwach wie eine Flasche leer! Haben Sie gesehen Mittwoch, welche Mannschaft hat gespielt Mittwoch? Hat gespielt Mehmet, oder gespielt Basler, oder gespielt Trapattoni? Diese Spieler beklagen mehr als sie spielen! Wissen Sie, warum die Italien-Mannschaften kaufen nicht diese Spieler? Weil wir haben gesehen viele Male solche Spiel. Haben gesagt, sind nicht Spieler für die italienische Meisters. Struuunz! Strunz ist zwei Jahre hier, hat gespielt zehn Spiele, ist immer verletzt. Was erlauben Strunz?! Letzte Jahre Meister geworden mit Hamann, eh ... Nerlinger. Diese Spieler waren Spieler und waren Meister geworden. Ist immer verletzt! Hat gespielt 25 Spiele in diese Mannschaft, in diese Verein. Muss respektieren die andere Kollegen! Haben viele Kollegen, stellen sie die Kollegen in Frage! Haben keine Mut an Worten, aber ich weiß, was denken über diese Spieler. Mussen zeigen jetzt, ich will, Samstag, diese Spieler mussen zeigen mich, eh ..., seine Fans, mussen alleine die Spiel gewinnen. Muss allein die Spiel gewinnen! Ich bin müde jetzt Vater diese Spieler, eh ..., verteidige immer diese Spieler. Ich habe immer die Schulde ... über diese Spieler. Einer ist Mario, einer, ein anderer ist Mehmet. Strunz dagegen, egal, hat nur gespielt 25 Prozent diese Spiel! Ich habe fertig!«

Ralf Rangnick (l.) und Hennes Weisweiler (r.) haben mit »Fußballprofessor« den gleichen Spitznamen weg. Beide stehen für attraktiven Angriffsfußball und die Arbeit mit jungen hungrigen Spielern. Nur Erfolgsbilanz und »Sprachgewalt« weisen noch krasse Unterschiede auf.

Ralf Rangnick

Nicht gern wird Ralf Rangnick an seinen Auftritt im *ZDF-Sportstudio* Ende 1998 erinnert. Rangnick, Fußballlehrerlizenz mit Note 1,2 bestanden, war Trainer des Zweitligisten SSV Ulm, hatte den Aufsteiger mit modernem Kollektivfußball an die Tabellenspitze geführt und coachte das einzig ungeschlagene Team der Saison im taktisch damals daniederliegenden deutschen Profifußball. Im *Sportstudio* geriet er an einer Tafel ins Dozieren über sein modernes Spiel mit Pressing, Viererkette und so weiter – und hatte seinen Spitznamen weg: »Fußballprofessor«.

Nach Stationen in Ulm, Stuttgart, Hannover und Schalke akzeptierte Rangnick im Sommer 2006 das Angebot des Drittligisten Hoffenheim. Mit dem Klub des Milliardärs Dietmar Hopp marschierte der Trainer hinauf bis zur Herbstmeisterschaft in der Bundesliga – bis Hopp den Brasilianer Luis Gustavo gegen den Willen seines Trainers verkaufte. Rangnick trat am Neujahrstag 2011 zurück, im März wechselte er ein zweites Mal zum FC Schalke, wo er ein halbes Jahr später wegen Burn-outs seinen Vertrag auflöste. Im Juni 2012 stieg er dann ins Imperium von Red Bull ein, wo er als Sportdirektor die Geschicke in Salzburg sowie Leipzig übersieht und in Leipzig nun auch wieder als Cheftrainer amtiert.

Geboren: 29. Juni 1958, Backnang
In der Liga: VfB Stuttgart (1999–2001), Hannover 96 (2002–2004), FC Schalke 04 (2004/05 und 2011) und TSG 1899 Hoffenheim (2006–2011)

Hennes Weisweiler

Im deutschen Fußball gibt es keinen zweiten Mann, der von zwei so hoffnungslos miteinander verfeindeten Klubs wie dem 1. FC Köln und Borussia Mönchengladbach gleichermaßen verehrt wird.

1948 spielte der gebürtige Lechenicher Hennes Weisweiler in der Gründungself des 1. FC Köln, zwei Jahre später wurde er Spielertrainer des Klubs, und kurz darauf pinkelte ein dem FC von einem Zirkus geschenkter Geißbock auf sein Hemd – weshalb das Vereinsmaskottchen »Hennes« heißt, mittlerweile in achter Generation. Viel später, 1978, führte Weisweiler Köln als Trainer zum Double. Während der FC den DFB-Pokal 1983 nochmals erringen konnte, blieb die Meisterschaft die vorerst letzte für den Klub.

Bevor er sich die Kölner unterwürfig machte, hatte Weisweiler in Mönchengladbach eine aufregende Elf erfunden: die Fohlen – geliebt für ihr Offensivspiel, mehrfacher Meister und UEFA-Cup-Sieger. So großzügig seine Vision von Fußball war, so autoritär herrschte Weisweiler. In Köln kanzelte er den eitlen Overath ab, in Gladbach strafte er Günter Netzer bisweilen mit völliger Nichtachtung. Weisweiler rief dann Berti Vogts zu sich: »Sag dem langen Arschloch, dat et nit spielt.«

Geboren: 5. Dezember 1919, Erftstadt-Lechenich
Gestorben: 5. Juli 1983, Aesch (Schweiz)
In der Liga: Borussia Mönchengladbach (1964–1975) und 1. FC Köln (1976–1980)

Die Bilder täuschen ein wenig über die Realität hinweg: Hans Meyer (l.) ist eher gewiefter Rhetoriker als schweigsamer Typ. Und auch Volker Finke (r.) stand während seiner Zeit beim SC Freiburg häufiger auf der Sonnenseite des Trainergeschäfts.

Hans Meyer

Hans Meyer musste 58 Jahre alt werden, ehe er 2001 erstmals in einem Spiel der 1. Fußball-Bundesliga als Trainer auf der Bank saß. Nach der Wende hatte der in Thüringen aufgewachsene Meyer zunächst wenig erfolgreich unterklassige Ostklubs sowie den niederländischen Ehrendivisionär Twente Enschede gecoacht. Dann bewährte er sich ab 1999 bei Borussia Mönchengladbach, Hertha BSC und dem 1. FC Nürnberg als Seelenstreichler enttäuschter Traditionsvereine. In der DDR hatte Meyer zwölf Jahre den FC Carl Zeiss Jena trainiert und währenddessen dreimal den FDGB-Pokal geholt. Durch den DFB-Pokalsieg mit Nürnberg 2007 ist Hans Meyer der einzige Trainer, der große Titel in der DDR und im vereinten Deutschland gewinnen konnte.

Neben diesen sportlichen Erfolgen wird Hans Meyer aber vor allem berühmt bleiben wegen seines Spotts gegenüber Kickern, Journalisten – und nicht zuletzt sich selbst. Auf die Frage, was denn die Mannschaft zu seiner Vertragsverlängerung gesagt habe, hat Hans Meyer einmal geantwortet: »Wir mussten das Training eine halbe Stunde unterbrechen, weil die Spieler sich so gefreut haben. Einige haben sogar geweint.«

Geboren: 3. November 1942, Břežánky (heute: Tschechien)
In der Liga: Borussia Mönchengladbach (2001–2003; als Meyer den Verein 1999 übernahm, spielte dieser noch in der Zweiten Liga; 2008/09), Hertha BSC Berlin (2004) und 1. FC Nürnberg (2005–2008)

Volker Finke

Die 1990er-Jahre erlebten die Ankunft der 68er-Generation im Establishment der Republik. Auch die Bundesliga war davon betroffen – in Gestalt von Volker Finke. Der Trainer des SC Freiburg scherte sich wenig um berufsstandesübliche Etikette, er trug Jeans statt Trainingsanzug, einen »Brilli« im Ohr und rauchte Selbstgedrehte. Auf dem Platz verbreitete er so unerhörte Neuerungen wie Raumdeckung und Kurzpassspiel. Finkes »Breisgau-Brasilianer« begeisterten die Zuschauer und wurden zu Vorboten einer deutschen Fußballmoderne.

Finke lotste Freiburg in die Bundesliga und zweimal sogar in den UEFA-Cup. Der SC war eine große Familie, und so durfte Finke sogar dreimal absteigen, bis er 2007 seinen zur Trainerbank umfunktionierten Strandkorb zusammenpackte. Er ging nach 16 Jahren ununterbrochener Amtszeit – Rekord im deutschen Profifußball. Seine Rückkehr in die Bundesliga dauerte von Februar 2011 etwas mehr als ein Jahr. Beim 1. FC Köln begann er als Sportdirektor, destabilisierte den amtierenden Trainer Frank Schaefer und landete zwischenzeitlich als dessen Nachfolger für drei Spiele auf der Bank – ehe man sich »in beiderseitigem Einvernehmen« trennte. Es passte einfach nicht.

Geboren: 24. März 1948, Nienburg
In der Liga: Trainer SC Freiburg (1991–2007; Freiburg spielte 1991–1993, 1997/98, 2002/03 und 2005–2007 in der Zweiten Bundesliga), Sportdirektor und Trainer 1. FC Köln (2011–2012)

Jürgen Klopp

Geboren: 16. Juni 1967, Stuttgart
In der Liga (als Trainer): FSV Mainz 05 (2004–2007) und Borussia Dortmund (2008–2015)

Zwei Vereinen hat er als Trainer seinen unvergleichlichen Stempel aufgedrückt. Dem einstmals kleinen Mainz 05 und der immer noch sehr, sehr großen Borussia aus Dortmund.

Wenn BVB-Chef Jürgen Watzke in aller Öffentlichkeit weint, muss schon Erschütterndes geschehen sein. Wobei die Erklärung, dass Jürgen Klopp nach sieben Jahren sein Arbeitsverhältnis bei Borussia Dortmund vorzeitig beendet, mehr war als nur rührend. Das Ende von »Kloppo« beim BVB markiert eine Zäsur.

Dabei hat Jürgen Klopp in Dortmund eigentlich nur fortgeführt, was er immer gemacht hat: Er ist er selbst geblieben. Ein Typ, der auf angenehme Weise volksnah ist, ein mitreißender Charakter, einer, der seine Spieler »Jungs« nennt und von ihnen verlangt, dass sie »heute wieder alles raushauen«. Auch sein drei Jahre währendes Engagement als TV-Experte beim *ZDF* hat Klopp nicht durchdrehen lassen.

Trainer wurde Klopp unter anderem deshalb, weil den Mainzer Klubverantwortlichen 2001 im Abstiegskampf auch nichts Besseres mehr einfiel, als ihren verletzten Rekordspieler (325 Zweitliga-Spiele für den FSV) als Nachfolger von Eckart Krautzun zum Trainer zu machen. Klopp rettete die Mainzer und führte sie, nachdem er zweimal knapp gescheitert war, im dritten Anlauf in die Erste Bundesliga. Als der »Karnevalsverein« 2007 wieder ins Unterhaus musste, ging Klopp mit, kündigte aber an, im Falle des Nichtaufstiegs andernorts arbeiten zu wollen.

So wechselte er im Sommer 2008 nach Dortmund und führte den Klub zurück nach ganz oben: zwei Meisterschaften, den Pokal und das Champions-League-Finale gegen die Bayern. Doch als der BVB mit Klopp in der Saison nach dem deutschen WM-Sieg 2014 nicht in Tritt kam, wurde Klopp nachdenklich und entschied, dass es Zeit sei zu gehen. Irgendwann wird er schon wieder in die Liga zurückkehren. Möglich sei eine Rückkehr zum BVB allemal, hat er zum Abschied gesagt.

Temperamentsbolzen: An der Linie lässt »Kloppo« seinen Emotionen gerne einmal freien Lauf.

Geboren: 29. November 1925, Wien (Österreich)
Gestorben: 14. November 1992, Innsbruck (Österreich)
In der Liga: Hamburger SV (1981–1987)

Ernst Happel

Wo auch immer der ehemalige österreichische Nationalspieler als Trainer antrat, hatte er Erfolg. Seinen Spielern brachte der sture Wiener den attraktiven »Happel-Stil« bei.

Bevor Manager Günter Netzer den 56-jährigen Ernst Happel zum Hamburger SV holte, hatte der Wiener Trainer in Belgien mit dem FC Brügge und Standard Lüttich sowie in den Niederlanden mit ADO Den Haag und Feyenoord Rotterdam einige Titel abgeräumt. Mit Feyenoord hatte er gar im ersten Jahr seines Engagements 1970 gleich den Europapokal der Landesmeister und den Weltpokal gewonnen. Als Nationaltrainer der Niederlande war er erst in der Verlängerung des WM-Finals 1978 an Gastgeber Argentinien gescheitert.

In Deutschland reichten sechs Jahre aus, um den starken Raucher Happel (Lieblingsmarke »Belga«) auch hierzulande zu einer Legende werden zu lassen. Ursache dafür war eine neue Art des Fußballspiels, die Happel propagierte, deren zentrale Elemente Raumdeckung und Pressing hießen und die in einem gewissen Widerspruch zum Genussmenschen Happel stand. Denn der Fußball, den er mit dem Hamburger SV spielen ließ, erforderte ein Höchstmaß an Kondition und Disziplin. Happel forderte viel von seinen Spielern, weil er wusste, dass nur diese Haltung ihm auch Erfolg bescherte – und das wussten auch seine Spieler.

Wie in Rotterdam begann er in Hamburg gleich einmal mit einer nationalen Meisterschaft, die er im zweiten Jahr verteidigte und dabei noch den Einzug ins UEFA-Cup-Finale besorgte. Im dritten Jahr schenkte er Hamburg dann den Sieg im Europapokal der Landesmeister, 1984 wurde der HSV Vizemeister – und schließlich verabschiedete Happel sich mit einer weiteren Vizemeisterschaft und dem Gewinn des DFB-Pokals. »Sechs Jahre bei einem Verein sind genug«, sagte Happel, und ging zurück in seine Heimat.

Mit Adiletten auf dem Feuerstuhl: Neben dem Fußball genoss Erfolgstrainer Ernst Happel auch die schönen Seiten des Lebens in vollen Zügen.

Geboren: 16. Januar 1935, Bosemb (Polen)
Gestorben: 31. Januar 2015, Köln
In der Liga: FC Bayern München (1970–1975 und 1983–1987), Borussia Mönchengladbach (1975–1979), Borussia Dortmund (1979–1981 und 2000), 1. FC Köln (1991) und FC Schalke 04 (1992/93)

Udo Lattek

Udo Lattek war einer der erfolgreichsten Bundesliga-Trainer. Auf der Bank von Gladbach und dem FC Bayern ließ er in den 1970er-Jahren allerhöchste Fußballkultur auf den Rasen zaubern.

Neben Trapattoni der einzige Trainer, der alle drei Europapokale gewinnen konnte.

Seine besten Jahre lagen zwischen 1970 und 1979. Da trainierte der vormalige Assistent von Nationaltrainer Helmut Schön zwei der aufregendsten Mannschaften im deutschen und internationalen Fußball. Dass der FC Bayern München und Borussia Mönchengladbach so begeisternd waren, lag nicht zuletzt an deren Trainer. In den Jahren 1972 bis 1977 hieß der Übungsleiter des Deutschen Meisters fünfmal Udo Lattek – allein 1975, vor dem Wechsel nach Gladbach, hatte sein Vorgänger Hennes Weisweiler den Titel noch einmal an den Niederrhein geholt.

Lattek verbesserte das System der Gladbacher, indem er die defensiven Qualitäten des Teams mit dem Monstersturm Simonsen, Jensen, Heynckes stärkte. Und so verteidigte die Mannschaft im ersten Jahr unter dem neuen Trainer den Meistertitel – in überragender Manier – vor dem Hamburger SV und vor Bayern München.

Doch Lattek war nicht nur im nationalen Geschäft erfolgreich. Nachdem er 1974 mit den Bayern den Europapokal der Landesmeister und mit Gladbach fünf Jahre später den UEFA-Cup geholt hatte, gewann er bei seiner einzigen Station im Ausland 1982 mit dem FC Barcelona schließlich noch den Europapokal der Pokalsieger. Damit ist Lattek neben dem Italiener Trappatoni der einzige Trainer, der alle drei Europapokale gewinnen konnte.

Nachdem er sich Mitte der 1980er-Jahre noch einmal bei den Bayern als Trainer versuchte und dabei zwei Meistertitel eingespielt hatte, wechselte Lattek das Metier. Beim 1. FC Köln wurde er Technischer Direktor, und sein blauer Strickpullover begleitete eine 15 Spiele währende Erfolgsserie der Kölner unter dem damaligen Trainer Christoph Daum.

Bei Schalke war es später nicht der Pullover, sondern ein schief sitzendes Baseballcap, über das sich der damalige *Sat. 1*-Moderator Reinhold Beckmann in der Sendung *ran* im Gespräch mit Lattek einmal sehr lustig machte. Dann verschwand Lattek aus der Bundesliga, ehe er 2000 in heikler Mission noch einmal zurückkehrte.

Da verpflichtete ihn Borussia Dortmund im Abstiegskampf als eine Art Generalsekretär für den jungen Trainer Matthias Sammer – was bestens funktionierte. Während Sammer mit der Mannschaft am Fußballerischen arbeitete, sorgte Lattek nach drinnen und draußen für die richtige mentale Einstellung im Kampf gegen die Zweite Liga.

Nach erfüllter Mission kehrte Udo Lattek dem aktiven Geschäft den Rücken, begab sich fortan als so genannter »Kulttrainer« ins Fernsehen. Dort saß er lange Jahre jeden Sonntagvormittag in der Live-Talksendung eines deutschen Spartensenders. Die Zuschauer in der Lobby des Hotels, aus der die Sendung übertragen wird, beklatschten oft Latteks immer gleiche Thesen vom »Dazwischenhauen« oder von »Hackordnungen«.

Der eigentlich sehr sensible Lattek spielte diese Rolle des grollenden Wuttrainers auch nach überstandenem Schlaganfall eisern weiter, doch zwei Gehirntumor-Operationen und die Diagnose »Parkinson« führten zum Rückzug Udo Latteks aus dem Rampenlicht. Am 31. Januar 2015 verstarb einer der erfolgreichsten und charismatischsten Trainer der Bundesligageschichte in Köln.

Damals stand noch ein Aschenbecher für Manager Robert Schwan an der Bayern-Bank. Aber auch das konnte Udo Lattek nicht vom Jubeln abhalten.

WWK VERSICHERU

Max Merkel

Mit ungewöhnlichen Trainingsmethoden und einem diktatorischen Führungsstil wurde Max Merkel in den 1960er-Jahren in der Bundesliga berühmt und berüchtigt. Später feierte der Österreicher auch in Spanien mit Atlético Madrid Erfolge.

Geboren: 7. Dezember 1918, Wien (Österreich)
Gestorben: 28. November 2006, Putzbrunn
In der Liga: TSV 1860 München (1963–1966), 1. FC Nürnberg (1967–1969), FC Schalke 04 (1975/76) und Karlsruher SC (1981/82)

Merkel quälte seine Spieler mit intensiven Konditionseinheiten.

Menschen, die den Fußball erst seit den 1980er-Jahren verfolgen, haben Max Merkel nur in einer Rolle kennengelernt. In seiner zweiten Karriere war der Österreicher als sogenannter Kolumnist für Deutschlands größtes Boulevardblatt tätig. Merkels Markenzeichen war weniger die feinsinnige, zielführende Analyse als vielmehr markiges, vorurteilsbeladenes Geschwätz – sodass in der Folge nicht einmal Paul Breitner und Udo Lattek in der Lage waren, dies auch nur annähernd nachzuahmen.

Als Trainer hatte der ehemalige Verteidiger von Rapid Wien seine größte Zeit Mitte der 1960er-Jahre erlebt. Ein Großmaul, vor allem aber ein autoritätsfreudiger Charakter, war Merkel damals schon gewesen. Er quälte seine Spieler mit intensiven Konditionseinheiten, für deren Durchführung er beim TSV 1860 München etwa den deutschen Kugelstoßmeister Dieter Urbach verpflichtet hatte. Einen »Diktator« schimpfte ihn deswegen Torwart Petar Radenković.

Aber Merkel ließ auch moderne, spielerische Übungsformen in sein Training einfließen: Die Spieler erhielten Fußpflege, und gegen die Winterkälte ordnete Merkel das Tragen von Strumpfhosen an.

Bei 1860 hatte Merkel 1961 einen ausgezeichnet dotierten Vertrag unterschrieben. Der »Zampano« baute die überalterte Mannschaft um (»Hier musste man erst mal mit der Machete einen Pfad durch den Fußballurwald schlagen.«) – mit Folgen: 1964 holten die »Löwen« den DFB-Pokal, im Jahr darauf gelang ihnen der Einzug ins Finale des Europapokals der Pokalsieger, wo sie Quasigastgeber West Ham United im Londoner Wembley-Stadion mit 0:2 unterlagen. 1966 folgte dann der Gewinn der Deutschen Meisterschaft mit furiosem Offensivfußball.

Vielleicht hätte die Zeit mit 1860 noch erfolgreicher werden können, aber Leistungsträger des Vereins wie Stürmer Rudi Brunnenmeier und Mittelfeldlenker Hennes Küppers saßen regelmäßig in der Kneipe »Zwickmühle«. Um die Spieler vom Alkohol weg zubekommen, ließ er sie im Training gegen die »Abstinenzler« antreten – mit ernüchterndem Ergebnis für Merkel: »Die ›Alkoholiker‹ haben 8:1 gewonnen. Do hob i g'sagt: Sauft's weiter!«

Seine Beschäftigung bei den »Löwen« endete jäh, als er sich mit seinem Chefkritiker, dem beliebten Torwart Petar Radenković, ein Handgemenge lieferte. Merkel musste im Dezember 1966 gehen, ab 1. Januar 1967 war er bereits für den Ligakonkurrenten 1. FC Nürnberg aktiv und führte die »Clubberer« im Jahr darauf zur Deutschen Meisterschaft.

Zwölf Monate später jedoch war Nürnberg aus der Bundesliga abgestiegen. Merkel hatte vor der Saison zehn Spieler, darunter eine Handvoll Führungsspieler, abgegeben, und die Neuverpflichtungen hatten den Verlust nicht annähernd kompensieren können. Beim Abstieg des »Clubs« saß Merkel schon lange nicht mehr auf der Bank, wie überhaupt keines seiner insgesamt vier Bundesliga-Engagements mit Ablauf der Vertragszeit endete. Auch bei seinen beiden späten Kurzengagements auf Schalke und beim KSC schaffte er es, vorzeitig entlassen zu werden. Im Jahre 2006 starb Max Merkel neun Tage vor seinem 88. Geburtstag im oberbayrischen Putzbrunn.

Der Leitsatz »mit Zuckerbrot und Peitsche« beschreibt wohl an treffendsten die Philosophie des Mannes, der einst zusammen mit Ernst Happel für Rapid Wien spielte.

Fußball ist

Pop

Frisuren
Schnäuzer
Autos ...

Paul Breitner

Hans »Hansi« Müller

Maurizio Gaudino

Lukas Podolski

Mats Hummels

Borussia Mönchengladbach

Philipp Lahm

Helmut und Erwin Kremers

Günter Netzer

Kevin Keegan

Bastian Schweinsteiger

Karl-Heinz Rummenigge

7.

Geboren: 5. September 1951, Kolbermoor
In der Liga: 285 Spieler (93 Tore) für FC Bayern München (1970–1974 und 1978–1983) und Eintracht Braunschweig (1977/78)

Paul Breitner

Ein Mann der Extreme: Zuerst als »Zauberlehrling«, dann als »Afro« und schließlich als »17-Stunden-Bundestrainer« tituliert, hielt Breitner mit kritischen Äußerungen über seinen FC Bayern sowie den DFB niemals hinterm Berg.

Auf dieser Aufnahme sehen wir Paul Breitner, irgendwann in den 1970er-Jahren. Unter dem Mao-Poster liest er im Afrolook die *Peking Rundschau.* Dass die runden Ornamente der Hintergrundtapete recht offensichtlich an die Schale des Deutschen Fußballmeisters erinnern, ist ebenso gekonnt inszeniert wie der böse blickende Boxer – die Entsprechung zum Kampfhund, wie ihn heutige Rapper gern präsentieren.

Der Studienabbrecher Paul Breitner hat es so konsequent wie kein zweiter Bundesliga-Spieler verstanden, sich die Pose der 68er-Bewegung zunutze zu machen. Als Student der Pädagogik, Psychologie und Soziologie und mit dem Berufswunsch Sonderschullehrer lag Breitner im Trend der Zeit, der die Bundesliga in den späten 1960er- und frühen 1970er-Jahren tatsächlich nie erfasst hatte. Breitner wusste auch später in seiner Karriere zu polarisieren. Insbesondere als Experte für Zeitungen und Fernsehen ließ er keine Gelegenheit zur Abrechnung mit wem auch immer aus. Einst hatte er sich sogar kritisch zu Papst Benedikt geäußert: »Ich fürchte, er geht als Papst der Vergangenheit in die Geschichte ein.« Wenngleich das fast schon eine private Äußerung war, denn um ein paar Ecken ist Breitner mit dem Pontifex im Ruhestand verwandt.

Verwandt mit dem emeritierten Papst, vertraut mit dem Manager.

Eine weitere Konstante im Leben des 1974er-Weltmeisters heißt Uli Hoeneß. Breitner kannte Hoeneß aus gemeinsamen Auftritten in der Jugendnationalmannschaft, wurde mit Hoeneß Weltmeister und hatte vier Jahre zuvor gemeinsam mit Hoeneß beim FC Bayern München als Jungprofi begonnen und damals sogar eine gemeinsame Wohnung bezogen. Hoeneß soll Breitner mindestens einmal vor Feldjägern versteckt haben, weil der nicht zum Bund wollte.

Als Fußballer war Breitner ein auffallend ehrgeiziger Spieler, sein erster Bayern-Trainer Udo Lattek schulte ihn vom Rechtsaußen zum Linksverteidiger um. Breitner gewann auf dieser Position drei Meisterschaften, einen DFB-Pokal und einen Europapokal der Landesmeister mit den Bayern. Nach dem Weltmeistertitel 1974 – Breitner verwandelte im Finale den Elfmeter zum 1:1-Ausgleich gegen die Niederländer – wechselte er zu Real Madrid. Dort glänzte er als Mittelfeldspieler neben seinem Landsmann Günter Netzer. Zwei Meisterschaften, ein Pokalsieg und auch der Einsatz in der deutschen Italowestern-Persiflage *Potato Fritz* von Regisseur Peter Schamoni fallen in diese Zeit.

Nachdem er ein Jahr bei Eintracht Braunschweig verbracht hatte, heuerte Breitner wieder bei den Bayern an, war schnell der Chef der Mannschaft, ihr unermüdlicher Antreiber und gewann 1980 und 1981 seine Meistertitel vier und fünf sowie 1982 den DFB-Pokal. Ein Foulspiel des Hamburgers Wolfgang Rolff beendete 1983 Breitners Spielerkarriere früher als geplant. Als er im selben Jahr noch ein paar Spiele für die Bayern in Asien bestritt, zerstritt er sich mit seinem Freund, dem inzwischen als Bayern-Manager tätigen Uli Hoeneß. Der Zwist machte eine Zeit lang die Tür in den Verein für Breitner zu. Inzwischen ist das Geschichte.

Heute ist Paul Breitner Talentspäher und Berater des Klubs, den er tatsächlich einmal sogar – typisch Breitner – als »Scheißverein« bezeichnet hat.

Meisterlich durch die Karriere geboxt: Zwischen den Errungenschaften von zehn Vereins- und zwei Nationalmannschaftstiteln hatte sich Paul Breitner ein paar ruhige Lesestunden redlich verdient.

PEKING
17
RUNDSCHAU

Geboren: 27. Juli 1957, Stuttgart
In der Liga: 143 Spiele (54 Tore) für den VfB Stuttgart (1977–1982; 1975–1977 spielte Stuttgart in der Zweiten Liga), Marketingdirektor beim VfB Stuttgart (1999–2001), Aufsichtsratsmitglied VfB Stuttgart (seit 2011)

Hans Müller

Er war eines der ersten Topmodels der Fußball-Bundesliga, und sogar seine Torquote konnte sich für einen Mittelfeldspieler wirklich sehen lassen. Unvergessliche Auftritte oder sagenumwobene Momente verbindet man jedoch nur selten mit »Hansi« Müller.

Man mag es sich heute vielleicht nur schwer vorstellen können, aber Ende der 1970er-Jahre hing das *Bravo*-Poster von Hans-Peter Müller in nicht wenigen Mädchenzimmern an der Wand über dem Bett. Müller, der Einfachheit halber »Hansi« gerufen, war ein Ästhet am Ball, ein Spielmacher der alten Schule. Vor allem aber sah er – noch dazu für einen Fußballer – einfach ungewöhnlich gut aus in seinem blütenweißen Stuttgart-Trikot mit dem roten Brustring, der lebensfrohen Bräune im Gesicht und der gepflegten schwarzen Kurzhaarfrisur.

Für manche sah »Hansi« Müller allerdings einfach nur gut aus, weswegen man ihn abschätzig auch den »schönen Hansi« nannte und damit in etwa das gleiche meinte, was sogar Nationaltrainer Jupp Derwall einmal über das Mitglied seiner Europameisterelf von 1980 sagte: »Was der macht, taugt höchstens für den Zirkus.« Müller galt als Schönspieler ohne Kämpferherz, als einer, der allzu häufig das Spiel verlangsamte und bevorzugt in bedeutungslosen Partien zur Topform auflief. Am besten lässt sich sein Image vielleicht in Anlehnung an einen Begriff aus dem Straßenverkehr erklären: »Hansi« Müller war ein »Sonntagsfußballer«.

Nicht immer gelang es ihm, mit diesem Vorwurf so nonchalant umzugehen, wie er die Verniedlichung seines Vornamens hingenommen hatte (»Es stört mich nicht, dass in Deutschland ein paar Hunderttausend Wellensittiche ›Hansi‹ heißen«) – auch nicht während seiner Zeit in Italien bei Inter Mailand (1982–1984) und bei Como Calcio (1984/85). Immer wieder legte Müller sich zudem mit Schiedsrichtern an. Beim FC Wacker Innsbruck (später in FC Tirol umbenannt), wo er seine aktive Karriere zwischen 1985 und 1990 ausklingen ließ, flog er binnen einer Saison gleich viermal vom Platz.

Weitergebracht haben ihn die Auslandsaufenthalte trotzdem. Hans-Peter Müller sah ja schon immer eher aus wie ein Italiener, nun erlernte er auch die dazugehörige Lebensart. Besser als die Einheimischen habe er am Ende den Mailänder Dialekt beherrscht, berichtete einmal sein Kumpel, der Musiker Eros Ramazzotti. Dank seiner Erfahrungen im erweiterten Alpenraum wurde Müller schließlich zu einer Art Völkerverständiger des Fußballs. An seinem 50. Geburtstag brachte er die deutschen und italienischen WM-Finalisten von 1982 für einen Wohltätigkeitskick in Stuttgart zusammen, und für sein Engagement als EM-Botschafter Innsbrucks bekam er 2008 den Tiroler Adler-Orden in Gold.

Lebens- und mundartlich eher italienisch – innen ein reiner Schwabe.

Auch als TV-Experte blieb der »schöne Hansi« im Geschäft, denn reden konnte und mochte er schon immer, was ihm von Ernst Happel, seinem Trainer in Tirol, einst die Aufforderung eintrug, doch lieber Staubsaugervertreter als Fußballer zu werden. 1999 stieg Müller als Marketing- und Mediendirektor wieder bei seinem Heimatklub ein. Müller ist in Stuttgart geboren und aufgewachsen, er spielte beim VfB, seit er zwölf war, aber im Management hat es nicht funktioniert – obwohl er es mit so dollen Statements versuchte wie: »Der rote Brustring ist bei mir eintätowiert.« Ein Jahr später trat er zurück – aufgrund von Intrigen. Doch das hat ihn nicht davon abgehalten, bei Heimspielen seines VfB weiterhin regelmäßig auf der Tribüne zu sitzen. Seit 2011 sogar wieder in offizieller Funktion, als – zweifelsfrei bestaussehendes – Mitglied des VfB-Aufsichtsrates.

Ein wohlgestalteter Athlet im gleißenden Sonnenlicht und zum Abschied noch ein Gruß an die Fangemeinde – »Hansi« Müller: wie in Stein gemeißelt.

Während Gaudino (l.) vor keinem Interview und nicht mal vor einem Auftritt bei Thomas Gottschalk zurückschreckte, gibt Podolski (r.) seine Antworten lieber auf dem Platz.

Maurizio **Gaudino**

Beim Bundesligisten Waldhof Mannheim war Maurizio Gaudino Mitte der 1980er-Jahre der einzige Spieler, der nicht über die knackenden Knochen des Gegenspielers zum Spiel fand. Der Sohn eines Gastarbeiters aus Neapel war ein Vorstadt-Gigolo, das *Modern Talking* der Bundesliga. Er liebte Goldkettchen, gern präsentierte der »Mauri« auch seine kraftstrotzenden Autos – Lieblingsmodell Ferrari 348 TB in Bananengelb, Fahrzeit A8 Stuttgart–München (230 km): weniger als eine Stunde.

Autos waren es dann auch, die den Nationalspieler und WM-Teilnehmer in die Bredouille brachten. Nach einem Auftritt in der *RTL Late Night Show* bei Gastgeber Thomas Gottschalk klickten 1994 in einem Münchener TV-Studio die Handschellen. Später wurde Gaudino zu einer Bewährungsstrafe und 180 000 Mark Geldbuße wegen Versicherungsbetruges verurteilt. Er, der jährlich 500 000 Mark netto verdiente, hatte dabei geholfen, Nobelkarossen verschwinden zu lassen. Bei Manchester City, wo Gaudino 1995 ein kurzes Gastspiel gab, erzählte man deshalb diesen Witz: Nach einem Auswärtsspiel kommt ein Betreuer entsetzt in die Kabine: »Unser Bus ist weg!« Alle drehen sich zu Gaudino um, der aber beteuert: »Ich habe ein Alibi. Ich habe gespielt.«

Geboren: 12. Dezember 1966, Brühl (Baden)
In der Liga: 294 Spiele (48 Tore) für Waldhof Mannheim (1984–1987), VfB Stuttgart (1987–1993), Eintracht Frankfurt (1993–1997) und VfL Bochum (1998/99)

Lukas **Podolski**

Einen wie Lukas Podolski gibt es im heutigen Profifußball nicht mehr. Der gebürtige Pole mit dem rheinischen Idiom ist ein Instinktfußballer, ein Stürmer, der allzu gern die Defensivarbeit vernachlässigt. Zudem beweist Podolski einem – aus sportlicher Sicht – Durchschnittsverein die Treue. Selbst auf der Meisterehrung des FC Bayern München blökte er »Ers-ter Fuß-ball-klub Köln« dazwischen. Seine Teamkollegen billigten es achselzuckend – Poldi eben.

Die Liebe zur Stadt und seinem »FC« ging sogar so weit, dass der Nationalspieler Podolski im Januar 2009 bekanntgab, er werde die Bayern verlassen und nach Köln zurückkehren. Damit mache er seine Karriere kaputt, unkten Experten. Er machte sie nicht gleich kaputt – aber er schob sie zunächst auch nicht an. Und als er dann das Tor wieder regelmäßig traf, da konnten auch 18 Podolski-Tore 2012 den fünften Abstieg des 1. FC Köln nicht verhindern.

Podolski wechselte zum FC Arsenal in die Premier League, wurde an Inter Mailand ausgeliehen, aber die Treue zum FC blieb. Häufig wird der Ex-Kapitän im Kölner Stadion begrüßt, man hat das Gefühl, der Spielplan seiner neuen Klubs sei so gestaltet worden, dass Podolski möglichst häufig FC-Heimspiele live mitverfolgen kann.

Geboren: 4. Juni 1985, Gliwice (Polen)
In der Liga: 240 Spiele (94 Tore) für den 1. FC Köln (2003/04, 2005/06, 2009–2012) und Bayern München (2006–2009)

Zwei Generationen von Popstars: Während Mats Hummels den smarten Profi mit Mittelstands-Background der 2000er-Jahre repräsentiert, gilt die Gladbacher »Fohlenelf« ihren Bewunderern als Symbol des libertären Aufbruchs in den beginnenden 1970er-Jahren.

Mats Hummels

Lange ist Mats Hummels dem Weg seines Vaters gefolgt. Der war Jugendtrainer in Wiesbaden, in Mainz und wechselte dann zu Bayern München, wo auch Sohn Mats ab seinem siebten Lebensjahr kickte. Und am letzten Spieltag der Saison 2006/07 gab Hummels dann sogar sein Bundesligadebüt für die »Roten«, doch dabei blieb es. Der Verteidiger rutschte wieder in die zweite Mannschaft zurück und wurde im Jahr darauf an Borussia Dortmund ausgeliehen, wobei der damalige BVB-Trainer Thomas Doll nicht unbedingt überzeugt gewesen sein soll von seinem Neuzugang aus Bayern.

Doch unter dem im Sommer 2008 engagierten Cheftrainer Jürgen Klopp entwickelte der smarte Hummels sich sukzessive zum Stammspieler und nach seiner schlussendlichen Verpflichtung damit zu einem jener Akteure, die das Comeback des BVB maßgeblich mitgestalteten: Deutscher Meister (2011), Double-Sieger (2012), Champions-League-Finalist (2013). Und nach sehr starken Auftritten sowie zwei wichtigen Kopfballtoren hat der inzwischen zum BVB-Kapitän aufgestiegene Hummels maßgeblichen Anteil an seinem bis dato größten Titel: dem des Weltmeisters 2014 mit der deutschen Nationalmannschaft.

Geboren: 16. Dezember 1988, Bergisch-Gladbach
In der Liga: 195 Spiele (17 Tore) für den FC Bayern München (2007) und Borussia Dortmund (seit 2008)

Borussia Mönchengladbach

Das Bild zeigt die Mannschaft von Borussia Mönchengladbach im ehemaligen Stadion am Bökelberg. Jene berühmte »Fohlenelf«, die unter Trainer Hennes Weisweiler einen begeisternden Fußball spielte und sich in den 1970er-Jahren zum einzigen Konkurrenten des FC Bayern München entwickelte.

Fünfmal wurde Gladbach in dieser Dekade Deutscher Meister: 1970, 1971, 1975, 1976 und 1977. Zweimal gewann man den UEFA-Cup (1975 und 1979) und 1973 gegen den 1. FC Köln das DFB-Pokal-Finale. Im angeblich besten Finale dieses Wettbewerbs behielten die Gladbacher durch ein Netzer-Tor in der Verlängerung mit 2:1 die Oberhand.

Der Name »Fohlenelf« geht zurück auf die Spielzeit 1965/66, der ersten der Gladbacher, die zum Start der Fußball-Bundesliga 1963 noch in der Regionalliga antraten. »Fohlenelf« bezog sich auf das Durchschnittsalter der Elf, damals das jüngste der Liga war.

Dem Gewinn des ersten Meistertitels 1969/70 war jedoch schon der Bruch mit dem Prinzip, auf junge Spieler zu setzen, vorausgegangen. Um die Abwehr zu stabilisieren, hatte Weisweiler ältere Profis wie »Luggi« Müller aus Nürnberg und Klaus-Dieter Sieloff aus Stuttgart eingekauft. Vorne ballerten Laumen, Heynckes, Netzer, Köppel: 1969/70 trafen die Gladbacher 71-mal, in der Spielzeit darauf sogar 77-mal.

hinten v. li.: Trainer Hennes Weisweiler, Günter Netzer, Peter Meyer, Peter Kracke, Herbert »Hacki« Wimmer, Erwin Spinnler, Volker Danner, Ludwig Müller, Torwart Wolfgang Kleff, Heinz Wittmann, Rudi Schlott
vorn v. li.: Gerd Zimmermann, Herbert Laumen, Ulrik Le Fevre, Klaus-Dieter Sieloff, Winfried Schäfer, Peter Dietrich, Werner Kaiser, Horst Köppel

Philipp Lahm

Geboren: 11. November 1983, München
In der Liga: 333 Spiele (12 Tore) für den FC Bayern München (2002/03, seit 2005) und VfB Stuttgart (2003–2005)

Präzise, pflichtbewusst und punktgenau – Philipp Lahm hat seine Karriere so geplant wie ein erfolgreicher Musikproduzent seinen nächsten Hit.

Manchmal bedarf es eines Umwegs. Als der Außenverteidiger Philipp Lahm zur Saison 2002/03 aus der Regionalliga-Mannschaft des FC Bayern München in den Bundesliga-Kader aufrückte, hatte er zwei Probleme: Willy Sagnol und Bixente Lizarazu, die beiden französischen Weltmeister, die Abonnements auf die Außenpositionen besaßen. Lahm erfasste schnell, dass er es auf wenig Einsatzzeiten bringen würde und wechselte.

In den folgenden zwei Jahren beim VfB Stuttgart wurde Lahm nicht nur Nationalspieler, er erlebte auch einen durch den damaligen VfB-Trainer Felix Magath angeordneten Relaunch. Magath stellte den beim FC Bayern seit 1995 in den Jugendmannschaften geschulten Rechtsverteidiger kurzerhand auf links, und als Lahm nach zwei Jahren zum FC Bayern zurückkehrte, lief es im Prinzip. Wären da im Stuttgarter Frühjahr 2005 nicht ein Mittelfußbruch nebst folgendem Kreuzbandriss gewesen. Nachdem der Umweg über Stuttgart zurück in seine Geburtsstadt geglückt war, wollte Lahm mehr. Er wollte nicht nur als exzellenter Verteidiger bestehen, sondern zum Führungsspieler reifen, der sowohl auf dem Platz als auch abseits davon den Takt vorgibt. Im Januar 2011 und nach drei Double-Erfolgen wurde er in Nachfolge von Marc van Bommel Kapitän der Bayern, ein halbes Jahr später war er es auch offiziell in der Nationalmannschaft, wobei seine Amtsübernahme von einigen Nebengeräuschen überdeckt war. Denn als Lahm bei der WM-Endrunde 2010 in Vertretung des verletzten Michael Ballack die Kapitänsbinde trug, stellte er öffentlich den Anspruch, auch nach dem Turnier im Amt bleiben zu wollen. Wie zuvor schon bei anstehenden Vertragsverlängerungen etwa mit dem FC Bayern entpuppte sich die PR in eigener Sache als richtig. Lahm blieb im Amt, wurde als Kapitän vier Jahre später Weltmeister.

Ob rechts oder links: An der Außenlinie gibt es weltweit nur wenige Spieler, die Philipp Lahm das Wasser reichen können.

Geboren: 24. März 1949, Mönchengladbach
In der Liga: Borussia Mönchengladbach (1967–1969), Kickers Offenbach (1969–1971) und FC Schalke 04 (1971–1980)

Kremers-Zwillinge

Gemeinsam hat das erste Gesangsduo im deutschen Profifußball dazu beigetragen, nach dem Bundesliga-Skandal den »Mythos Schalke« wieder aufleben zu lassen.

Als Helmut und Erwin Kremers, die beiden smarten blonden Jungs aus Schalke, 1974 mit dem Säuselsong *Das Mädchen meiner Träume* bis auf Platz drei in den Charts stiegen, wurden sie in zahlreichen *Bravo*-Artikeln gewürdigt, die Frauenwelt lag ihnen zu Füßen, und die Jungs – zumindest solange sie Schalke-Fan waren – taten das ja ohnehin schon längst.

Nachdem die zwei Unzertrennlichen Borussia Mönchengladbach vor der sportlichen Blüte im Doppelpack verlassen hatten, feierten Helmut und Erwin Kremers sowohl mit den Offenbacher Kickers (1970) als auch mit dem FC Schalke 04 (1972) den Gewinn des DFB-Pokals.

Erwin Kremers, der Linksaußen, wurde als Erster der beiden Nationalspieler und gewann 1972 in der angeblich besten deutschen Elf aller Zeiten die Europameisterschaft. Sein Bruder Helmut, der Verteidiger, wurde 1973 von Bundestrainer Helmut Schön berufen und 1974 Weltmeister, obwohl er beim Turnier im eigenen Land nicht ein einziges Mal zum Einsatz kam. Erwin war vom DFB nicht für den Endrunden-Kader berücksichtigt worden, weil er kurz zuvor, am letzten Bundesliga-Spieltag, wegen Schiedsrichterbeleidigung in Kaiserslautern vom Patz gestellt worden war.

Während Helmut Kremers dreimal Manager, für ein Spiel sogar Trainer und einmal – wenn auch nur für drei Monate – Präsident des FC Schalke war, zog sich Erwin Kremers gleich ganz aus dem Fußballgeschäft zurück und verdiente sein Geld in der Modebranche, blieb »Königsblau« aber treu: Er steht heute dem Schalker Golfkreis vor, der soziale Einrichtungen in Gelsenkirchen unterstützt.

Nach eigener Aussage spielten und sangen sie besser als Julio Iglesias: Erwin (l.) und Helmut (r.) Kremers.

Günter Netzer

Für die einen war er ein Rebell, für die anderen ein Popstar. Dabei war Günter Netzer doch nur einer der genialsten Mittelfeldregisseure in der Geschichte der Bundesliga.

Geboren: 14. September 1944, Mönchengladbach
In der Liga (als Spieler): 230 Spiele (82 Tore) für Borussia Mönchengladbach (1965–1973)
In der Liga (als Manager): Hamburger SV (1978–1986)

Günter Netzer ist früh zum deutschen Fußballpopstar erkoren worden. Stets wurde seine revolutionäre Kraft gelobt, weil er sich nicht nur dank seiner langen, öffnenden Pässe aus dem biederen Bundesliga-Muff der 1960er- und 1970er-Jahre befreit hatte. Netzer war der schicke, langhaarige Kopf der jungen, freimütigen Borussia aus Mönchengladbach, der Gegenentwurfself zum staatstragenden Kollektiv des FC Bayern München um Schwiegermutterschwarm Franz Beckenbauer.

Der »Rebell am Ball« legte sich bei jeder sich bietenden Gelegenheit mit seinem Trainer, dem Autokraten Hennes Weisweiler, an, und in der Nationalmannschaft des biederen Übungsleiters Helmut Schön hatte »der Lange« stets das Nachsehen gegen den stromlinienförmigen und machtbewussten Kölner Wolfgang Overath. Über den hat Netzer einmal gesagt: »Seine Leistung war immer mehr oder weniger gut. Sie war aber nie so überragend, wie ich gespielt habe.« Günter Netzer war der etwas andere Fußballgott. Der viel beschriebene Revoluzzer war er indes nie.

Statt gegen den Vietnamkrieg oder das Establishment zu demonstrieren, fuhr Netzer im Ferrari durch Mönchengladbach, besaß dort die Diskothek »Lover's Lane« und war Eigner einer Versicherungsagentur. Die Haare trug er lang, weil seine Freundin fand, dass ihm kurze nicht stünden. Und ein »Partymonster« war Netzer auch nicht, tatsächlich zählte er eher zu den maulfaulen Eckenstehern. So viel zum Mythos.

Der Spieler Netzer hat insbesondere mit zwei Auftritten Eindruck im Fußballgedächtnis der Nation hinterlassen. Im Hinspiel des Viertelfinales der Europameisterschaft 1972, einem seiner gerade mal 37 Länderspiele, dirigierte Netzer die deutsche Mannschaft zum einem souverän-schönen 3:1-Sieg über England im Londoner Wembley-Stadion. Es war angesichts dieser Leistung, dass der *FAZ*-Kulturkritiker Karl Heinz Bohrer einen Aufsatz mit »Netzer kam aus der Tiefe des Raumes« betitelte.

Der zweite große Auftritt von Günter Netzer folgte 1973 für Borussia Mönchengladbach im Pokalfinale gegen den Rivalen 1. FC Köln. Gegen den Willen Weisweilers wechselte sich Netzer in der Verlängerung ein (»Trainer, ich spiel' dann mal«) und knallte den Ball mit dem Schienbein unhaltbar für Kölns Keeper Welz zum 2:1-Endstand ins Tor. Danach wechselte Netzer zu Real Madrid, wo er jeweils zweimal Meister und Pokalsieger wurde.

In seiner Zeit als Manager beim HSV sorgte er für die erfolgreichste Ära des Klubs. Er verpflichtete die »Schleifer« Branko Zebec und Ernst Happel, der HSV wurde Deutscher Meister, Pokalsieger und gewann den Europapokal der Landesmeister. Genervt von seinem Managerdasein wechselte Günter Netzer 1986 ins Geschäft mit den Sportübertragungsrechten und ging in die Schweiz, ein Job, dem er heute als »Executive Director« einer Sportrechtefirma weiter nachgeht. Öffentlich trat Netzer ab 1998 vor allem an der Seite von *ARD*-Sportmoderator Gerhard Delling in Erscheinung. Mit dem *NDR*-Mann gab er bei Spielen der deutschen Nationalmannschaft bis Sommer 2010 ein Moderatoren-Duo ab, dessen Leistungen – trotz Grimme-Preis – in den letzten gemeinsamen Job-Jahren gleichwohl deutlich nachließen.

Zwei historische Spiele reichten zur Legendenbildung.

Überall saß Günter Netzer lieber als auf der Auswechselbank – und in diesem Fall auch in einer deutlich entspannteren Pose.

Kevin Keegan

Mit seiner spektakulären Verpflichtung begann in Deutschland nicht nur der Hype auf den Vornamen »Kevin«, sondern auch eine äußerst erfolgreiche Ära des Hamburger SV.

Geboren: 14. Februar 1951, Armthorpe (England)
In der Liga: 90 Spiele (32 Tore) für den Hamburger SV (1977–1980)

Als er nach Hamburg kam, sah er aus wie ein Mitglied der damals beliebten britischen Softrockbands *Showaddywaddy* oder *The Rubettes*: üppige Lockenpracht, Schlaghose, Halskettchen. Und tatsächlich sollte Joseph Kevin Keegan zwei Jahre später auch abseits des Fußballplatzes als Sänger Erfolge feiern. Die von ihm und Chris Norman (*Smokie*) produzierte Schmusesingle »Head over Heels in Love« schaffte es bis auf Platz zehn der deutschen Singlecharts.

Nachdem er sechs Jahre lang das Trikot des FC Liverpool getragen und mit dem Verein dreimal die englische Meisterschaft, einen FA-Cup, zweimal den UEFA-Cup und gerade den Europapokal der Landesmeister gewonnen hatte, wechselte der Bergmannssohn Kevin Keegan 1977 zum Hamburger SV. 2,3 Millionen Mark legte Dr. Peter Krohn, der pompöse HSV-Präsident, für den Engländer auf den Tisch – die bis dato höchste Ablöse der Bundesliga-Geschichte. Die Norddeutschen hatten sich soeben den Europapokal der Pokalsieger sichern können. Das Abschiedsgeschenk von Trainer Kuno Klötzer, der zur Hertha nach Berlin wechselte.

Für den biederen Klötzer hatte Krohn den Kosmopoliten Rudi Gutendorf als Übungsleiter verpflichtet, doch die Zusammenarbeit verlief unglücklich, im Oktober durfte »Riegel-Rudi« bereits abdanken. Nachdem der Türke Özcan Arkoç bis zum Saisonende im Sommer 1978 den Trainerjob ausgeführt hatte, kam dann der Jugoslawe Branko Zebec. Zebec führte den HSV gleich im ersten Jahr zur Deutschen Meisterschaft, nach einem Einstand, der Keegan in bester Erinnerung geblieben ist: »Zebec setzte sich mit seiner dunklen Sonnenbrille am Mittelkreis auf einen Ball und ließ uns stundenlang rennen. Immer mehr Spieler brachen zusammen. Einige haben gekotzt. Andere versuchten weiterzumachen, um dann erneut zusammenzubrechen.« Erst an seinem letzten Arbeitstag habe er sich getraut, bei Zebec noch einmal nachzufragen, der antwortete ihm: »Als Trainer musst du schnell rauskriegen, um welche Spieler du ein Team bauen kannst. Ich wollte nicht eure Fitness, sondern Willen und Charakter testen.«

Bis man beim HSV auf Keegan bauen konnte, verging etwas Zeit. Denn der Engländer hatte zunächst sichtliche Akklimatisierungsprobleme, die erst mit der Verpflichtung des neuen Managers Günter Netzer im Januar 1978 schwanden. Von da an war Keegan Keegan, die Fans in Hamburg nannten ihn »Mighty Mouse«. Der klein gewachsene Rechtsaußen spielte auf Weltklasseniveau und war maßgeblich dafür verantwortlich, dass dem HSV 1979 der deutsche Meistertitel zufiel. Zweimal wurde Keegan im HSV-Trikot zu Europas »Fußballer des Jahres« gewählt.

Nachdem die Hamburger am Ende der folgenden Saison im Finale des Europapokals der Landesmeister Nottingham Forest mit 0:1 unterlagen, plagte Keegan Heimweh. Er kehrte nach England zurück – allerdings nicht zu einem Spitzenverein, sondern zum FC Southampton, was die Südengländer dann mit Keegan (und wenn auch nur für kurze Zeit) sogar tatsächlich wurden.

Kevin Keegan dürfte übrigens der einzige Spitzenfußballer der Bundesliga-Geschichte sein, der mit einem seiner größten Anhänger verheiratet ist. Bevor sie ihren Mann im Jahre 1974 ehelichte, war Jean Keegan Vorsitzende des Keegan-Fanklubs in Liverpool.

Stolzer Kapitän der englischen Nationalmannschaft – aber ängstlich gegenüber dem »Schleifer« Zebec.

Bis Kevin Keegan auf den Musiker und späteren Gesangskollegen Chris Norman traf, hatte er nur Fußball im Kopf.

EMI
2965A
EMI
Head Over
Heels In Love
(Chris Norman
Pete Spencer)
Smokie Pub./
Chinnichap Pub.
RAK Pub
A
DEMO RECORD
NOT FOR RESALE
Kevin
Keegan
Production Chris Norman
and Pete Spencer
A Chapy Production
EMI 2965

Bastian Schweinsteiger

Geboren: 1. August 1984, Kolbermoor
In der Liga: 342 Spiele (45 Tore) für den FC Bayern München (seit 2002)

Er stammt aus derselben oberbayerischen Stadt wie Paul Breitner, ist Weltmeister wie Paul Breitner – und ein Popstar ist er eben auch.

Die Schläfen mögen inzwischen schon ein wenig angegraut sein, die infantilen Späßchen mit WM-Kollege Lukas Podolski liegen ebenfalls ein paar Jahre zurück, und dennoch gibt es keinen Zweifel, dass aus dem Kinder-Popstar Bastian Schweinsteiger inzwischen ein äußerst ernstzunehmender Gentleman-Kicker geworden ist. Noch dazu einer, der den Weltmeistertitel 2014 mit einer telegenen Platzwunde am Kopf erstritten hat. Nicht nur Frauen mögen sowas.

Dass er es einmal so weit bringen würde, hätte man 1998 nicht unbedingt erwarten können, als Schweinsteiger vom TSV 1860 Rosenheim ins Internat des FC Bayern wechselte. Vier Jahre später debütierte er in der ersten Mannschaft, 2004 war er A-Nationalspieler. Irgendwann trug Bastian Schweinsteiger dann eine Frisur ähnlich der von David Beckham – doch während der Engländer sein Haar in immer wieder neuen Schnittvariationen feilbot, änderten sich bei »Schweini« meist nur die Tönungen.

Auch auf dem Fußballfeld herrschte bisweilen Stillstand, der viel gelobte Mittelfeldspieler konnte sich nicht in prognostizierter Weise weiterentwickeln. Die Schuld daran konnte man schlechten Beratern, Verletzungen, Pressespekulationen um eine Beteiligung des Spielers an Spielmanipulationen und später auch der starken Konkurrenz im Bayern-Kader geben.

Während er sich im Verein unter den Trainern Magath, Hitzfeld und Klinsmann nie wirklich konstant durchsetzen konnte und es erst unter Louis van Gaal als gesetzter defensiver Mittelfeldspieler wirklich rund für Schweinsteiger lief, lieferte er in der Nationalmannschaft ab der WM 2006 häufiger überzeugende Leistungen ab. Dort hat er inzwischen nicht nur mehr Länderspiele als Franz Beckenbauer zu Buche stehen, sondern amtiert auch als Kapitän.

Schnelles Cabrio, schicke Klamotten: Als langjähriger Bayernspieler beherrscht Schweinsteiger routiniert das Bad in der Pressemenge.

Geboren: 25. September 1955, Lippstadt
In der Liga (als Spieler): 310 Spiele (162 Tore) für FC Bayern München (1974–1984)
In der Liga (als Präsident): FC Bayern München (Vizepräsident 1991–2002, Vorstandsvorsitzender seit 2002)

Karl-Heinz Rummenigge

Während seiner Blütezeit hieß es, er könne seine Gegenspieler sogar in einer Telefonzelle umdribbeln. Als Vorstandsvorsitzender der Bayern sind mittlerweile ganz andere Kunststücke gefragt.

Der Spieler Karl-Heinz Rummenigge hat mit Pop so viel zu tun wie der VfL Bochum mit der Deutschen Fußballmeisterschaft. Dass der inzwischen in den Vorstand des erfolgreichsten deutschen Fußballklubs aufgestiegene Stürmer in diesem Buch in dieser Kategorie auftaucht, hat er dem britischen Schlagerduo Alan & Denise zu danken, die ihm im Jahre 1983 einen Song widmeten. Über das Musikstück sagte Rummenigge einmal: »Erst war ich total genervt. Dann habe ich die beiden kennengelernt und fand sie sehr nett.« Hier der Text zum Mitsingen:

Over in West Germany
There's a football player
With sexy knees.
With sexy knees?
With sexy knees!
Talking, bout a man with sexy
knees –
Karl-Heinz Rummenigge
What a man.
Rummenigge, Rummenigge
I'm a fan.
Karl-Heinz Rummenigge
He's so strong.
Rummenigge.
Rummenigge –
All night long.
Rummenigge, Rummenigge
All night long.
He's so tall
He's so blond
Two long legs
But all beyond.

Karl-Heinz Rummenigge
First he traps the ball –
And then?
Karl-Heinz Rummenigge
Puts it in, Puts it in, Puts it in.
Karl-Heinz Rummenigge puts
it in.
What a player, what a sport.
He's the cutest thing in shorts.
What's the secret
what's the trick?
He's got such a lovely kick!

Oh, what a lovely, lovely kick.
Oh, what a lovely, lovely kick.
Oh, what a lovely, lovely kick.
Karl-Heinz Rummenigge . . .

Übrigens: Der Song, von dem es auch eine deutsche Coverversion gab, schaffte es bis auf Rang 43 der deutschen Singlecharts.

Egal ob bei den Bayern oder im Nationaldress: Rummenigge glänzte durch seine Tore besonders in den frühen 1980er-Jahren.

Geld schießt Tore

Manager
Berater
Präsidenten

Reiner Calmund

Robert Schwan

Franz Kremer

Günter Mast

Horst-Gregorio Canellas

Klaus Gerster

Günter Siebert

Wilfried »Willi« Lemke

Ulrich »Uli« Hoeneß

Rudolf »Rudi« Assauer

Dr. Peter Krohn

Klaus Steilmann

Hans »Jean« Löring

Heinz Weisener

8.

Geboren: 23. November 1948, Brühl (bei Köln)
In der Liga: Manager der Lizenzspielerabteilung Bayer Leverkusen (1988–1999) und Geschäftsführer der Bayer 04 Leverkusen Fußball-GmbH (1999–2004)

Reiner Calmund

»Däffenitief« und zurecht galt Reiner Calmund als ein absolutes Schwergewicht in seiner Position bei Bayer Leverkusen. Diesem Verein diente er fast 30 Jahre lang und führte ihn in die (inter)nationale Spitze.

Reiner Calmund isst einfach gern. Von sich selbst sagt der 1,75 Meter große, je nach Gefechtslage zwischen 130 und 160 Kilo schwere Mann, er sei ein »Schleckermäulchen«. Doch Calmund ist – wie er von sich ebenfalls behauptet – auch ein »Drecksack«, ein »Schlitzohr«, ein »abgewichstes Kerlchen« sogar. Spricht Calmund so, und das tut er gern und viel, dann redet er vom Geschäft. Dessen Charakter veränderte er in seiner Zeit als Manager von Bayer Leverkusen ganz maßgeblich: »Als ich ankam, war das ein Kaninchenstall.«

1976 startete »Calli« seine Karriere beim Werksklub als Jugendleiter, Personalkoordinator und Stadionsprecher. 1988 war er Manager der Lizenzspieler. Dann fiel die Mauer, und zehn Tage später hatte Calmund die DDR-Nationalspieler Andreas Thom (Dynamo Berlin), Ulf Kirsten und Matthias Sammer (beide Dynamo Dresden) verpflichtet, was ihm Kritik von höchster Stelle einbrachte. »Sie können nicht einfach die DDR leerkaufen!«, wetterte der damalige Bundeskanzler Helmut Kohl.

Ob dieser Schelte bekamen einige Verantwortliche in Leverkusen – Calmund explizit nicht – kalte Füße und ließen Sammer – was ein Fehler! – nach Stuttgart und Kirsten zunächst nach Bochum ziehen, ehe man im Fall Kirsten doch noch einen Rückzieher machte, eine, wie man heute weiß, recht gute Entscheidung. Neben Ostdeutschen verpflichtete Calmund brasilianische Klassespieler wie Zé Roberto, Emerson, Jorginho, Paulo Sergio und Lucio sowie nationale Größen im Spätherbst ihrer Karriere wie Bernd Schuster und Rudi Völler.

Die Titelausbeute blieb gleichwohl bescheiden. 1988 gewann man zufällig den UEFA-Cup, 1993 folgte der DFB-Pokal, und 1996 steckte Bayer plötzlich im Abstiegskampf. Am letzten Spieltag im Heimspiel gegen Kaiserslautern durften die Gäste und direkten Konkurrenten in keinem Fall gewinnen. Um möglichst wenig Lautern-Fans ins im Umbau befindliche Stadion hineinzulassen, ließ Calmund kurzfristig den Gästeblock abreißen – ohne Genehmigung durch irgendwen, außer ihn selbst. Nur ein Jahr später war Bayer unter dem neuen Trainer Christoph Daum Vizemeister.

Es ist diese Zeit, da der Vielredner Calmund sagte: »Der Verein ist mir.« Und kurz darauf, gerade war man zum zweiten Mal in Folge Vizemeister geworden, ereignete sich die Kokainaffäre um Trainer Daum, die mit dessen Entlassung endete. Und es kam noch schlimmer, das Jahr 2002, in dem der größte anzunehmende Unfall der jüngeren deutschen Klubfußballgeschichte geschah. Mit Trainer Klaus Toppmöller und dem aufstrebenden Michael Ballack bot Bayer überragenden Fußball, und dann lief binnen elf Tagen alles schief: in der Liga nur ein Sieg aus den letzten drei Spielen – Vizemeisterschaft, im Pokalfinale eine schmerzhafte Niederlage gegen Schalke (2:4), und in Glasgow unterliegt man im Endspiel der Champions League Real Madrid (1:2).

Mit dem neuen Jahrtausend begannen die Seuchenjahre.

Bereits 2003 spricht Calmund von Abschied, im Sommer 2004 tritt er dann tatsächlich als Geschäftsführer zurück, angeblich soll er 580 000 Euro veruntreut haben. Das Gerichtsverfahren gegen Calmund wird gegen Zahlung einer Summe von 30 000 Euro durch den Angeklagten im Januar 2007 eingestellt.

Er ist immer im Bilde: Reiner Calmund war nach seiner Leverkusener Zeit nicht nur WM-2006-Botschafter – er zeigt auch soziales Engagement, u. a. für den Verein »Power-Child e. V.« zur Prävention von sexueller Gewalt an Kindern.

Geboren: 20. November 1921, München
Gestorben: 13. Juli 2002, Reith bei Kitzbühel (Österreich)
In der Liga: Manager FC Bayern München (1964–1977) und Vorsitzender des Aufsichtsrats Hertha BSC Berlin (1997–2000)

Robert Schwan

Für »Kaiser« Franz war Schwan nicht nur sein Förderer und Berater, sondern auch sein bester Freund. Doch auch für seinen Nachfolger Uli Hoeneß war Schwan ein Mann mit geradezu seherischen Fähigkeiten.

Der kurze Weg vom Fußballplatz zur Instantsuppe.

Wenn man es genau nimmt, hat Robert Schwan einen ganzen Berufsstand im deutschen Fußball erst begründet. Zwar gab es vor dem Münchener schon Menschen, die sich auch abseits des Trainingsplatzes um das Wohl einer Fußballmannschaft kümmerten. Doch Schwan machte aus dem Ehrenamt einen Beruf und wurde der erste bezahlte Manager eines Bundesligisten, der von Bayern München. Und er wurde zum Macher hinter dem größten Star des Klubs: Franz Beckenbauer.

Was nach großer, weiter Sportwelt klingt, begann seinerzeit indes weniger glamourös für Schwan. 1964 kam der ehemalige Gemüsehändler und leitende Angestellte einer Versicherung als Spielausschuss-Vorsitzender zum Regionalligisten FC Bayern München. »Das ist Herr Robert Schwan«, stellte Bayern-Präsident Wilhelm Neudecker der Mannschaft den Neuzugang vor, »ihn hat die Vorstandschaft soeben als Spielausschuss-Vorsitzenden bestätigt. Ich würde sagen, dass er unser Klubmanager ist.«

Zunächst war Schwans Tätigkeit ehrenamtlich, aber lange blieb sie das nicht. Denn zeitgleich hatte der 19-jährige Franz Beckenbauer bei dem Klub unterschrieben. Der geschäftstüchtige Schwan erkannte das exzeptionelle Potenzial des jungen Giesingers, und zwei Jahre später – inzwischen kickten die Bayern in der Bundesliga – war Schwan in einer Doppelfunktion tätig: 5000 Mark monatlich erhielt er als Manager des FC Bayern. Und gleichzeitig war er Manager von Franz Beckenbauer.

Dem jungen »Kaiser« besorgte Schwan etwa den ersten Werbesport eines Sportlers in der deutschen Fernsehgeschichte. Und während Beckenbauers Nationalmannschaftskollegen für kleines Geld in Zeitungsanzeigen Haarpflegemittel bewarben, saß die spätere »Lichtgestalt« des deutschen Fußballs im Öffentlich-Rechtlichen hinter einem Teller und beschwor die Qualität von Instantsuppen. Mit Beckenbauer kassierte auch Schwan. An allen Werbeverträgen, die er für seinen Schützling abschloss, verdiente der Manager angeblich 20 Prozent. Zeit seines Lebens hatte Schwan den Ruf, ein harter Verhandlungspartner zu sein.

Den Macher Schwan zeichnete stets ein ausgeprägter Hang zur Exzentik aus. So nahm er auf die Reise zum Europa-Cup-Auswärtsspiel bei Dynamo Dresden 1973 Proviant und Köche eines Münchener Spitzenrestaurants mit, um sicherzustellen »von den Sozialisten nicht vergiftet zu werden«. 1977, nach dem dritten Sieg in Folge im Europapokal der Landesmeister, überschätzte Schwan sich dann maßlos, und der FC Bayern feuerte ihn wegen Vorteilsnahme. Gegen das Interesse des Vereins und zum Segen seines eigenen Bankkontos hatte der Manager den Transfer von Beckenbauer zu Cosmos New York eingetütet. Schwan räumte seinen Posten, der zunächst vakant blieb und erst zwei Jahre später mit dem jungen Exprofi Uli Hoeneß besetzt wurde. Jahre später verneigte sich Hoeneß tief vor seinem an einem Herzinfarkt verstorbenen Vorgänger: »Robert Schwan war in seiner Zeit ein großer Visionär, der in seiner Art den FC Bayern groß gemacht hat und dazu beitrug, dass unser Verein heute zu den Großen des internationalen Fußballs gehört.«

Die Mütze sitzt, die Pfeife qualmt. Bis 1977 war Schwan mitsamt seinen unverzichtbaren Utensilien nicht von der Trainerbank des FC Bayern wegzudenken.

Während Franz Kremer (l.) im Müngersdorfer Stadion sogar mit dem Geißbock gerne seine Runden drehte, ließ sich Günter Mast (r.) nur ungerne im Eintracht-Stadion blicken.

Franz
Kremer

Was wäre aus dem 1. FC Köln geworden, wäre Franz Kremer nicht schon 1967 verstorben? Damals war der FC die Nummer eins im bundesdeutschen Fußball – dank Kremer, der den 1. FC Köln überhaupt erst erfunden hatte. Am 13. Februar 1948 fusionierte er die unterklassigen Stadtteilvereine Kölner BC und Sülz 07, indem er den Mitgliedern beider Klubs zurief: »Wollen Sie mit mir Deutscher Meister werden?«

Ganz so schnell ging das zwar im Oberliga-Nachkriegsdeutschland zunächst nicht, aber 1962 war es dann so weit und 1964 nochmals, nach der ersten Saison der Bundesliga, deren Gründung Kremer energisch gefördert hatte. Früher als alle anderen Fußballfunktionäre in Deutschland hatte Kremer verstanden, dass fußballerische Klasse allein nicht reicht, um erfolgreich zu sein. Also ließ der »Boss« bei Dior in Paris blütenweiße Seidentrikots für seine Spieler anfertigen. Er verpflichtete den holländischen Gigolo-Torwart Frans de Munck, um Frauen ins Stadion zu locken. Und getreu seiner Philosophie, jedes Jahr ein »neues Zirkuspferdchen« zu präsentieren, holte er 1964 den ersten Brasilianer in die Bundesliga. Was hätte aus dem 1. FC Köln nicht alles werden können? Vielleicht ja das »Real Madrid vom Rhein«. Davon hat Franz Kremer jedenfalls immer geträumt.

Geboren: 30. Juli 1905, Köln
Gestorben: 11. November 1967, Köln
In der Liga: Präsident 1. FC Köln (1948–1967)

Günter
Mast

Für das Spiel an sich hatte Günter Mast wenig übrig. Ganze zwei Mal sei er im Stadion gewesen, gestand der ehemalige Sponsor und Präsident von Eintracht Braunschweig später. Der Vorstand eines Kräuterschnappsherstellers war am Fußball in erster Linie als Werbeplattform interessiert. Am 24. März 1973 gegen Schalke ließ Mast die Eintracht-Kicker mit dem Hirsch-Logo seiner »Jägermeister«-Brennerei auf der Brust antreten. Das war die Geburt des Trikotsponsoring im deutschen Fußball. Damals zahlte Jägermeister 300 000 Mark.

Vorausgegangen war ein monatelanger Rechtsstreit Masts mit dem DFB, der Verband hatte Trikotwerbung zuvor beim Regionalligisten Wormatia Worms (»Caterpillar«) verboten. Das schlagzeilenträchtige Verfahren bescherte Mast kostenlose PR, und am Ende gewann er es durch eine List: Die Eintracht ersetzte kurzerhand den Löwen im Vereinswappen durch seinen Hirschen. In den 1980er-Jahren ging Mast sogar noch einen Schritt weiter. Vor dem Bundesgerichtshof focht er gegen den DFB für das Recht, den Klub in »Eintracht Jägermeister« umbenennen zu dürfen. Wieder gewann er, doch nachdem Mast sich vom Präsidentenamt zurückgezogen hatte, verzichtete der Klub 1987 auf diese Möglichkeit.

Geboren: 4. Juli 1926, Braunschweig
Gestorben: 28. Februar 2011, Lutterloh
In der Liga: Sponsor Eintracht Braunschweig (1973–1985) und Präsident Eintracht Braunschweig (1983–1985)

Der eine handelte mit Obst, der andere mit Andreas Möller. Ansonsten galten sowohl Canellas (l.) als auch Gerster (r.) zu ihren aktiven Ligazeiten als skandalträchtige Gestalten.

Horst-Gregorio **Canellas**

Es war die denkwürdigste Party der Bundesliga-Geschichte: Zu seinem 50. Geburtstag hatte Horst-Gregorio Canellas, Obsthändler und Präsident von Kickers Offenbach, am 6. Juni 1971 die deutsche Fußballprominenz in den Garten seiner Villa geladen. Um zwölf Uhr schnitt Canellas aber keine Torte an, er jagte auch keine Raketen, sondern gleich die ganze Bundesliga in die Luft. Den geschockten Zuhörern präsentierte Canellas Tonbandmitschnitte von Verhandlungen um gekaufte Siege, von Treffen mit bestochenen Profis: von einer Liga voller Lug und Betrug.

Tags zuvor war die Spielzeit zu Ende gegangen. Nach einem vermeintlich dramatischen Finale waren die Kickers in die Regionalliga abgestiegen. Und Canellas kannte die Gründe. Zum Schein hatte er sich an den Manipulationsgeschäften beteiligt, durch die mindestens 18 Spiele verschoben worden waren. Seine Kicker warnte er: »Diese Saison wird von der Staatsanwaltschaft entschieden.«

Nachdem der DFB anfangs von Canellas zur Aufklärung getrieben werden musste, reagierte der Verband schließlich mit voller Härte – auch gegen Canellas, der auf Lebenszeit für alle Ämter gesperrt wurde. Das Urteil wurde 1976 aufgehoben.

Geboren: 6. Juni 1921, Plauen
Gestorben: 23. Juli 1999, Offenbach
In der Liga: Präsident Offenbacher Kickers (1964–1971; unter Canellas war Offenbach 1968/69 und 1970/71 erstklassig)

Klaus **Gerster**

Seine Karriere begann in den 1970er-Jahren beim BSC Schwarz-Weiß 1919 Frankfurt. Dort entdeckte Jugendtrainer Klaus Gerster den Sohn eines Freundes: Andreas Möller. Als der zum Star reifte, wurde Gerster sein Berater. Und keiner hat das Berufsbild des Spielerberaters so in Misskredit gebracht wie Klaus Gerster.

Wohin Möller auch ging, Frankfurt, Dortmund, Turin und zurück, sein Berater handelte ihm lukrativste Verträge aus, bisweilen ließ er sich gleich selbst als Manager anstellen. Klaus Gerster – nicht nur wegen seiner Haarfarbe »der schwarze Abt« genannt – war der personifizierte Interessenkonflikt. Willi Reimann befand als Trainer in Frankfurt einmal, Gerster gehöre »geteert, gefedert und vom Hof gejagt«. Vom Weltverband FIFA wurde Gerster zeitweise zur Persona non grata erklärt. Möller handelte er Verfahren wegen Steuerhinterziehung sowie millionenschwere Vertragsstrafen ein.

Er selbst sah sich als Visionär, aber zumeist hinterließ er ein Chaos. Den FSV Frankfurt führte er als Trainer in die Zweite Liga, um dort mit 12:56 Punkten gleich wieder abzusteigen. Als Manager von Kickers Offenbach brachte er das Kunststück fertig, in einem halben Jahr sieben Trainer zu entlassen. Danach war auch für ihn Schluss. Heute ist Klaus Gerster »nur« noch Spielerberater.

Geboren: 13. August 1956, Frankfurt/Main
In der Liga: Co-Trainer Eintracht Frankfurt (1981–1986), Manager Eintracht Frankfurt (1987, 1990–1992) und Borussia Dortmund (1988–1990)

Günter Siebert

Geboren: 15. Dezember 1930, Kassel
In der Liga: Präsident FC Schalke 04 (1967–1976, 1978/79, 1987/88) und Manager FC Schalke 04 (1976–1978)

Als Stürmer war die »Forelle« Siebert kaum zu halten, als Präsident entdeckte er mit seinem »Diamantenauge« große Talente für seinen Verein.

Günter Siebert, kurz »Oscar« genannt, repräsentiert das alte Schalke. Ein Schalke der großen, oft auch billigen Emotionen, der Leidenschaft, vor allem aber des unendlichen Chaos. Jahrelang – und gerade auch unter dem Präsidenten Siebert – boten die Jahreshauptversammlungen zweitklassiges Bauerntheater, und hier und da ließ man auch schon mal die Fäuste sprechen.

Der gebürtige Kasseler Siebert wechselte 1951 von Hessen Kassel zum FC Schalke in die berühmte Glückauf-Kampfbahn. Acht Jahre hielt er als Sturmführer für die Gelsenkirchener die Knochen hin. Er zählte zu jener Mannschaft, die 1958 den bis heute letzten Meistertitel nach Schalke holte mit einem klaren 3:0-Endspielsieg über den Hamburger SV in Hannover vor unglaublichen 81 000 Zuschauern. Nach 118 Punktspielen und 61 Toren für Schalke endete Sieberts Spielerkarriere nach einer Meniskusoperation. 1964 rutschte Siebert ins Vizepräsidentenamt bei Schalke, 1967 wurde der 36-Jährige der jüngste Präsident der jungen Bundesliga-Geschichte. Neun Jahre lang hatte Siebert das Amt inne, inklusive DFB-Pokal-Sieg und Vizemeisterschaft (1972), in seine Ära fiel der Bau des Parkstadions und – nicht zu vergessen – der Bundesliga-Skandal. Zwischen 1976 und 1978 versuchte Siebert sich als Manager und kehrte dann noch zweimal für jeweils kurze Zeit ins Präsidentenamt zurück.

Siebert, natürlich immer noch Schalke-Mitglied, lebt heute überwiegend auf Gran Canaria, wo er in Playa del Inglés die Kneipe »Oscar's Tanzpub« betreibt. Dort verfolgt er die Spiele seines Vereins und sagt heute Sätze wie: »Schalke ist ein Verein wie ein Gemälde, das von Generation zu Generation im Wohnzimmer weitergereicht wird.«

Über zehn Jahre lang rissen sie sich förmlich um ihn: Günter Siebert an einem seiner zahlreichen Jubeltage auf Schalke.

Geboren: 19. August 1946, Pönitz
In der Liga: Manager SV Werder Bremen (1981–1999) und Aufsichtsratsvorsitzender SV Werder Bremen (2005–2014)

Wilfried »Willi« Lemke

Die Kürzel seiner diversen Arbeitgeber können sich sehen lassen: KGB, SPD, UN. Doch vor allem sein Engagement beim SV Werder Bremen machte ihn legendär.

In seinem Leben ist der studierte Pädagoge »Willi« Lemke schon vielen Beschäftigungen nachgegangen. Die obskurste war die von 1970 bis 1973 laufende Spionagetätigkeit für den sowjetischen Geheimdienst KGB, über die der deutsche Verfassungsschutz seit der Anwerbung Lemkes informiert gewesen sein soll. Richtige Berühmtheit erlangte der Bremer SPD-Landesgeschäftsführer Lemke, nachdem er 1981 den Managerposten beim SV Werder übernahm.

Unter dem umtriebigen Lemke professionalisierte sich das Umfeld des Bundesligisten erheblich. Das Weserstadion wurde ausgebaut, VIP-Logen eingerichtet, und »Werder-Willi« ging in die Geschichte des deutschen Fußballs ein, weil er im März 1989 ein komplettes Ligaspiel an ein Unternehmen verkaufte.

Obwohl der freien Marktwirtschaft gegenüber also nicht negativ eingestellt, entwickelte Lemke sich mit zunehmendem sportlichen Erfolg seines Vereins – zwei Deutsche Meisterschaften, drei DFB-Pokal-Siege und der Europapokal der Pokalsieger – zum Gegenspieler des mächtigsten Mannes im Gewerbe, Bayern Münchens Manager Uli Hoeneß.

»Hoeneß glaubt, mit Geld und Macht Leute niederbügeln, sie mit gezielten Attacken mundtot machen zu können«, erklärte Lemke. Und weil Hoeneß solche Äußerungen nicht unbeantwortet ließ, schaukelte sich über die Jahre ein medienwirksamer Zwist hoch. Als dann Werders Trainer Otto Rehhagel nach 15 Jahren in Bremen zum Erzrivalen nach München wechselte, war das »ein herber Schlag« für Lemke. Vier Jahre machte er ohne »König Otto« in Bremen weiter, dann wechselte er zurück in die Politik. »Willi« Lemke war Innensenator der Hansestadt, heute ist er Sonderberater des UN-Generalsekretärs für Sport im Dienste von Frieden und Entwicklung.

Er ist im wahrsten Sinne des Wortes ein (kosmo)politischer Strippenzieher: »Willi« Lemke.

Geboren: 5. Januar 1952, Ulm
In der Liga (als Spieler): 250 Spiele (86) Tore für FC Bayern München (1970–1979) und 1. FC Nürnberg (1979/80)
In der Liga (als Manager): FC Bayern München (1979–2009), Aufsichtsratsvorsitzender (ab 2010) und Präsident (2009–2014)

Uli Hoeneß

Ohne ihn wäre der FC Bayern München heute nicht der FC Bayern München. Uli Hoeneß ist die Seele dieses Vereins, auch wenn er aktuell kein offizielles Amt bekleidet.

Als die 5. Strafkammer des Landgerichts München II am 13. März 2014 ihr Urteil sprach und den Präsidenten von Deutschlands erfolgreichstem Fußballklub wegen Steuerhinterziehung zu dreieinhalb Jahren Freiheitsstrafe verurteilte, brach keine Welt zusammen. Uli Hoeneß hatte den Schuldspruch kommen sehen. Für Fans des FC Bayern München blieb der Verurteilte eine Art Gottheit. Und alle anderen sahen sich in ihrem Urteil über Hoeneß als eine Art »Darth Vader des deutschen Fußball-Geschäfts« bestätigt. Das einzige, das sich änderte: Uli Hoeneß verschwand aus dem öffentlichen Leben, er trat von seinen Ämtern zurück, und als er später Freigang erhielt, widmete er sich der Jugendarbeit jenes Vereins, den er einmal als »ein Kind von mir« bezeichnet hatte.

Begonnen hatte Uli Hoeneß seine Karriere beim FC Bayern 1970, damals holte Cheftrainer Udo Lattek den Jugendnationalspieler von der TSG Ulm 46 nach München. Bereits in seiner aktiven Zeit war unschwer zu erkennen, dass Hoeneß ein von Ehrgeiz getriebener Charakter ist. Schon damals polarisierte er, und es gab nicht wenige Fußballfans, die ihm den verschossenen Elfmeter im EM-Finale 1976 von Belgrad gegen die Tschechoslowakei gönnten, der die deutsche Niederlage und zugleich auch den letzten Auftritt des Weltmeisters Hoeneß im Nationaltrikot besiegelte. Drei Jahre später war die Laufbahn endgültig beendet, Hoeneß war von den Bayern an den Club aus Nürnberg ausgeliehen worden, dann streikte sein Knie.

In seiner Amtszeit werden aus zwölf Millionen Mark Umsatz über 200 Millionen Euro.

»Ich verstehe etwas von Finanzen und Geschäften. Ich verstehe etwas vom Fußball und Fußballspielen. Ich bin prädestiniert für diesen Beruf«, verkündete Hoeneß, als er mit gerade einmal 27 Jahren jüngster Bundesligamanager der Geschichte wurde – und er sollte Recht behalten.

Trotz der großen Erfolge der Mittsiebziger ging es dem FC Bayern zu der Zeit wirtschaftlich nicht besonders gut. Zwölf Millionen Mark Umsatz standen sieben Millionen Mark Schulden gegenüber. Der Autodidakt Hoeneß änderte das. Er baute den Verein um, professionalisierte die Vermarktung, etablierte ein erfolgreiches Merchandising.

Als er 2009 vom Amt des Managers zurücktrat, lag der Umsatz des Klubs bei über 200 Millionen Euro. In die Ära des Managers Hoeneß, der 1982 den Absturz eines Propellerflugzeugs als einziger der vier Insassen überlebte, fallen 15 deutsche Meisterschaften, acht Pokalsiege, ein UEFA-Cup-Gewinn, ein Triumph in der Champions League sowie ein Weltpokalerfolg. Doch Hoeneß in Anbetracht dieser stolzen Bilanz ausschließlich als erfolgreichen Macht- und Erfolgsmenschen zu sehen, käme einer Reduzierung gleich.

Mit einem Benefizspiel etwa half er dem hochverschuldeten FC St. Pauli, dessen Fans in Hoeneß bis dahin die Inkarnation des Klassenfeinds ausgemacht hatten. Er mochte einen – Zitat Hoeneß – »Querdenker« wie Jürgen Klinsmann und machte ihn deshalb zum Trainer seines Vereins. Manchmal hatte man fast den Eindruck, Uli Hoeneß wollte auch ein anderer sein als nur der übermächtige Bayern-Boss. Und so oft er uns – Bayern-Fans ausgenommen – in den vergangenen 30 Jahren auch auf die Nerven gegangen ist: Einer wie Uli Hoeneß fehlt.

Wo bis 1977 noch Robert Schwan gesessen hatte, nahm ab 1979 Uli Hoeneß seinen Platz ein – für 30 Jahre. Diese Tradition überdauerte alle 16 Trainer, die in dieser Zeit beim FC Bayern ein- und ausgingen.

Rudi Assauer

Weil er damals ein Angebot ablehnte, neuer Manager des FC Bayern München zu werden, ebnete Rudi Assauer den Weg für Uli Hoeneß – und konnte so zu einer Ikone auf Schalke werden.

Geboren: 30. April 1944, Altenwald
In der Liga (als Spieler): 307 Spiele (13 Tore) für Borussia Dortmund (1964–1970) und SV Werder Bremen (1970–1976)
In der Liga (als Manager): SV Werder Bremen (1976–1981) und FC Schalke 04 (1981–1986 und 1993–2006)

Die Szenen sind unvergessen. 19. Mai 2001. Gelsenkirchen. Irgendwann gegen 17.20 Uhr. Rudi Assauer, nach Selbstwahrnehmung ein echter Kerl im Mann, heulte wie ein Schlosshund. Nachdem er, die Mannschaft und Zehntausende von Schalke-Fans im Parkstadion vier Minuten lang gedacht hatten, sie hätten den ersten Meistertitel seit 1958 für den Verein gewonnen, folgte der Schock. Weil Bayern München in der Nachspielzeit beim Hamburger SV noch der Ausgleich und damit der Gewinn der Deutschen Meisterschaft gelungen war.

Der Titel hätte die Krönung des Assauer'schen Schaffens auf Schalke bedeutet, so waren sie nur die »Meister der Herzen«. Dass Schalke sich erstmals für die Champions League qualifiziert hatte und eine Woche später den Pokal gewann, rückte in den Hintergrund. Und dennoch bleiben deutlich mehr Erinnerungen an die zweite Ära Assauer auf Schalke. Etwa der Gewinn des UEFA-Cups vier Jahre zuvor, als die Schalker »Eurofighter« unter dem von Assauer durchgesetzten niederländischen Trainer Huub Stevens im Rückspiel des Finales bei Inter Mailand im Elfmeterschießen obsiegten und dem Verein den größten Erfolg der Vereinsgeschichte bescherten. Und auch die mit einer Anleihe in Höhe von 85 Millionen Euro und auf Jahre verpfändeten Zuschauereinnahmen errichtete »Arena auf Schalke« ist eine weithin sichtbare Hinterlassenschaft Assauers, der sein Erfolgsrezept einmal schlicht so erklärte: »Ich habe eben Ahnung von Fußball.«

Dabei entbehrt es nicht einer gewissen Pikanterie, dass ausgerechnet ein ehemaliger Spieler des ungeliebten Revierrivalen aus Dortmund den Grundstein für das erstaunliche Comeback des vormaligen Skandalklubs FC Schalke 04 legte. Assauer oder »der schöne Rudi«, wie er in seiner Dortmunder Zeit wegen des gepflegten Äußeren auch genannt wurde, gehörte zu jener BVB-Mannschaft, die 1966 den Europapokal der Pokalsieger gewann.

Nachdem er seine aktive Karriere 1976 bei Werder Bremen beendet hatte, wechselte der Innenverteidiger auf Geheiß von Präsident Böhmert ins Amt des Managers, wobei er in der ersten Zeit immer noch am Training teilzunehmen versuchte. Ganz einfach fiel dem Schreibtischnovizen die Umstellung augenscheinlich nicht.

1979 lehnte Assauer ein Angebot des FC Bayern ab und ebnete damit auch den Weg für dessen neuen Manager Uli Hoeneß. Im Jahr darauf stieg Werder aus der Ersten Liga ab, aber mit dem von Assauer verpflichteten Coach Otto Rehhagel gelang der sofortige Wiederaufstieg. Den Assauer noch miterlebte, bevor er dann das erste Mal zu seinem Lieblingsklub Schalke wechselte und den berühmten Satz sagte: »Entweder ich schaffe Schalke, oder Schalke schafft mich.«

Knapp sechs Jahre später hatte Schalke ihn geschafft. Assauer kehrte nach Bremen zurück und wollte nichts mehr mit Fußball zu tun haben. 1990 wurde er rückfällig und Manager beim VfB Oldenburg, drei Jahre später holte Präsident Günter Eichberg Assauer nach Schalke zurück. Nach der Abwehr eines drohenden Lizenzentzugs begann dann seine beste Zeit als Manager, die nach 13 Jahren im Mai 2006 in einem Machtkampf mit dem Aufsichtsratsvorsitzenden Clemens Tönnies eskalierte. Der 62-jährige Assauer trat zurück, es wurde stiller um ihn, im Januar 2012 gab er dann bekannt, dass er an Alzheimerdemenz erkrankt ist.

Assauer als Einläuter der Bremer Rehhagel-Ära.

Mit gewohnt stoischer Miene verfolgt Assauer ein Spiel seiner Schalker. Ähnlich stoisch war er während der 5-Minuten-Meisterschaft 2001 einer der wenigen, die die bereits Feiernden ermahnten, den Schlusspfiff in Hamburg abzuwarten.

Unter der Ägide von Krohn (l.) und Steilmann (r.) erlebten der HSV bzw. Wattenscheid 09 wahre Hoch-Zeiten; rein optisch hätten sie sich jedoch auch gut als 1980er-Tatort-Kommissare verdingen können.

Dr. Peter Krohn

Notfalls übernahm er selbst den Job des Einpeitschers und rief vor einer Partie die Spielernamen durchs Mikrofon aus. Hauptsache, es war Showtime im »Zirkus Krohn«. Früh erkannte der HSV-Präsident und »Generalmanager« der 1970er-Jahre den Wert von Aufmerksamkeit – unter ihm war der Hamburger SV glamourös wie nie.

Peter Krohn gewann »Campari« als Trikotsponsor, ließ rosafarbene Auswärtstrikots anfertigen und Showtraining mit Elefantenritten abhalten. Auch in sportlichen Dingen agierte er erfolgreich unkonventionell. Spielmacher Felix Magath verpflichtete er auf der Basis von *Sportschau*-Ausschnitten, Trainer Klötzer diktierte er ein System mit vier Angreifern. Dergestalt gewann der HSV 1977 in Amsterdam den Europacup der Pokalsieger – wobei Krohn das eigentliche Spiel in eine opulente Inszenierung einbettete, von der Pressekonferenz im VIP-Raum des Flughafens bis zum fingierten Krach um die Aufstellung.

Ende 1977 musste der Macher gehen, in Hamburg war man seiner Capricen überdrüssig. Zuvor hatte Krohn allerdings noch einen ganz großen Coup gelandet – er hatte den englischen Star Kevin Keegan für die damalige Rekordablöse von über zwei Millionen Mark an die Elbe geholt.

Geboren: 16. März 1932, Hamburg
In der Liga: Präsident Hamburger SV (1973–1975) und »Generalmanager« Hamburger SV (1975–1977)

Klaus Steilmann

Statt eines mit Bochumer Kennzeichen fährt Klaus Steilmann heute noch ein Auto mit Essener Kennzeichen – aus Protest gegen die 1975 erfolgte Eingemeindung der kreisfreien Stadt Wattenscheid nach Bochum. Derartigen Lokalstolz muss wohl haben, wer einen Klub in die Bundesliga hievte, der selbst in Deutschlands höchster Spielklasse selten mehr als 10 000 Zuschauer anzog.

Als »graue Maus« war die SG Wattenscheid 09 nicht sonderlich willkommen, als sie 1990 aufstieg. »Das Schlimmste, was passieren konnte«, greinte Bayern-Manager Uli Hoeneß. Aber Steilmann war dieses Geläster genauso egal wie jenes über seine »Mode für Millionen«.

Seit Ende der 1950er-Jahre machte er aus seiner Steilmann GmbH den größten Textilkonzern Europas und diente der SG nebenher als Präsident und Mäzen. Am liebsten wäre er auch Trainer gewesen – »aber leider fehlte mir die Zeit«.

Nach vier Jahren Bundesliga ging es für Wattenscheid wieder bergab, auch weil die Reformen seiner als Managerin installierten Tochter Britta (»Spieler zu umweltbewussten jungen Leuten machen«) im Mannschaftskreis nicht wirklich durchsetzbar waren. Uli Hoeneß aber hat Steilmann es gezeigt. Gleich in der ersten Saison schlugen seine Jungs die Bayern 3:2 und vermasselten ihnen so die Meisterschaft.

Geboren: 12. Juni 1929, Neustrelitz
Gestorben: 14. November 2009, Bochum
In der Liga: Präsident und Sponsor SG Wattenscheid 09 (1974–1985 und 1995–1999); mit dem Sponsor Steilmann war der Klub zwischen 1990 und 1994 erstklassig

Sie sind die Väter zweier Stadtteilvereine mit langer Tradition und hohem Kultpotenzial, aber nur kurzen Stippvisiten in der Bundesliga: »Jean« Löring (l.) und Hans Weisener (r.).

Hans »Jean« Löring

Es war Halbzeit an einem Mittwochabend im Dezember 1999, Zweite Bundesliga, Heimspiel gegen Waldhof Mannheim, 700 Zuschauer im Kölner Südstadion, Spielstand 0:2. Da schritt Hans »Jean« Löring zur Tat. Der Präsident des SC Fortuna Köln ging in die Kabine und feuerte Trainer Harald »Toni« Schumacher. Zur Begründung formulierte er unvergleichlich: »Ich als Verein musste handeln.«

Nirgendwo sonst im deutschen Fußball war die Einheit zwischen einer Person und einem Fußballklub unverbrüchlicher als in der Kölner Südstadt. Von 1967 bis 2001 herrschte Multi-Unternehmer Löring als Präsident, Mäzen, Manager, kurzzeitig als Trainer und wenn nötig sogar als Hausmeister. Bei einem Spiel gegen Darmstadt fiel einmal zehn Minuten vor Ende das Flutlicht aus, die Fortuna führte 3:0, und um die zwei Punkte nicht durch einen Abbruch zu gefährden, hielt der gelernte Elektriker Löring, so will es die Legende, mit bloßen Händen die Kabel zusammen – und damit den Sieg fest.

In all den Jahren schaffte es die Fortuna nur ein Mal, 1973, in die Bundesliga, danach spielte sie – Rekord – 26 Jahre ununterbrochen in der zweiten Liga. 2001 meldeten der Unternehmer Löring und die Fortuna Insolvenz an. Vier Jahre später verstarb »Jean« Löring.

Geboren: 16. August 1934, Köln
Gestorben: 6. März 2005, Köln
In der Liga: Präsident SC Fortuna Köln (1973/74); insgesamt stand Löring dem Klub von 1967 bis zum 13. Juni 2001 vor

Heinz Weisener

Eigentlich konnte es keinen unpassenderen Präsidenten für den FC St. Pauli geben als Heinz Weisener. Statt der Millerntor-Uniform Kapuzenpulli trug er seidene Halstücher zu teuren Anzügen. Er hörte keinen Punkrock, sondern liebte Opernmusik. Er war Architekt, hanseatischer Großbürger und – auch das noch: Heinz Weisener war CDU-Mitglied.

Auch seine Art der Amtsführung wollte so gar nicht zum Mythos des etwas anderen Klubs passen, der in seinem Vereinsslogan erklärt, seit 1910, dem Jahr der Gründung, »non established« zu sein. Denn Weisener war ein Patriarch der alten Schule, von basisdemokratischen Entscheidungsprozessen hielt er wenig. Dass er während seiner Präsidentschaft zwischen 1990 und 2000 von den Fans gleichwohl als »Papa Heinz« verehrt wurde, hatte zwei einfache Gründe. Zum einen war er unter dem Strich ein liebenswerter Mann. Außerdem schafft an, wer zahlt: Weisener stand stets mit seinem Privatvermögen ein, wenn die Braun-Weißen mal wieder bankrott zu gehen drohten.

»Meine große Liebe« nannte der 2005 verstorbene Weisener den Verein, und deshalb war die letzte Ironie seiner Präsidentschaft die bösartigste: Im ersten Jahr nach Weiseners Rücktritt stieg der FC in die Bundesliga auf. Ohne »Papa Heinz« hielt man sich dort freilich nur ein Jahr.

Geboren: 1928 (keine genaueren Angaben)
Gestorben: 7. April 2005, Hamburg
In der Liga: Präsident FC St. Pauli (1990–2000; St. Pauli war unter Weisener 1990/91 und 1995–1997 erstklassig)

Im Kasten

Rudi Kargus
Manuel Neuer
Gerhard »Flieger« Heinze
Bodo Illgner
Petar Radenković
Andreas Köpke
Josef »Sepp« Maier
Dieter Burdenski
Harald »Toni« Schumacher
Ronnie Hellström
Mladen Pralija
Uli Stein

9.

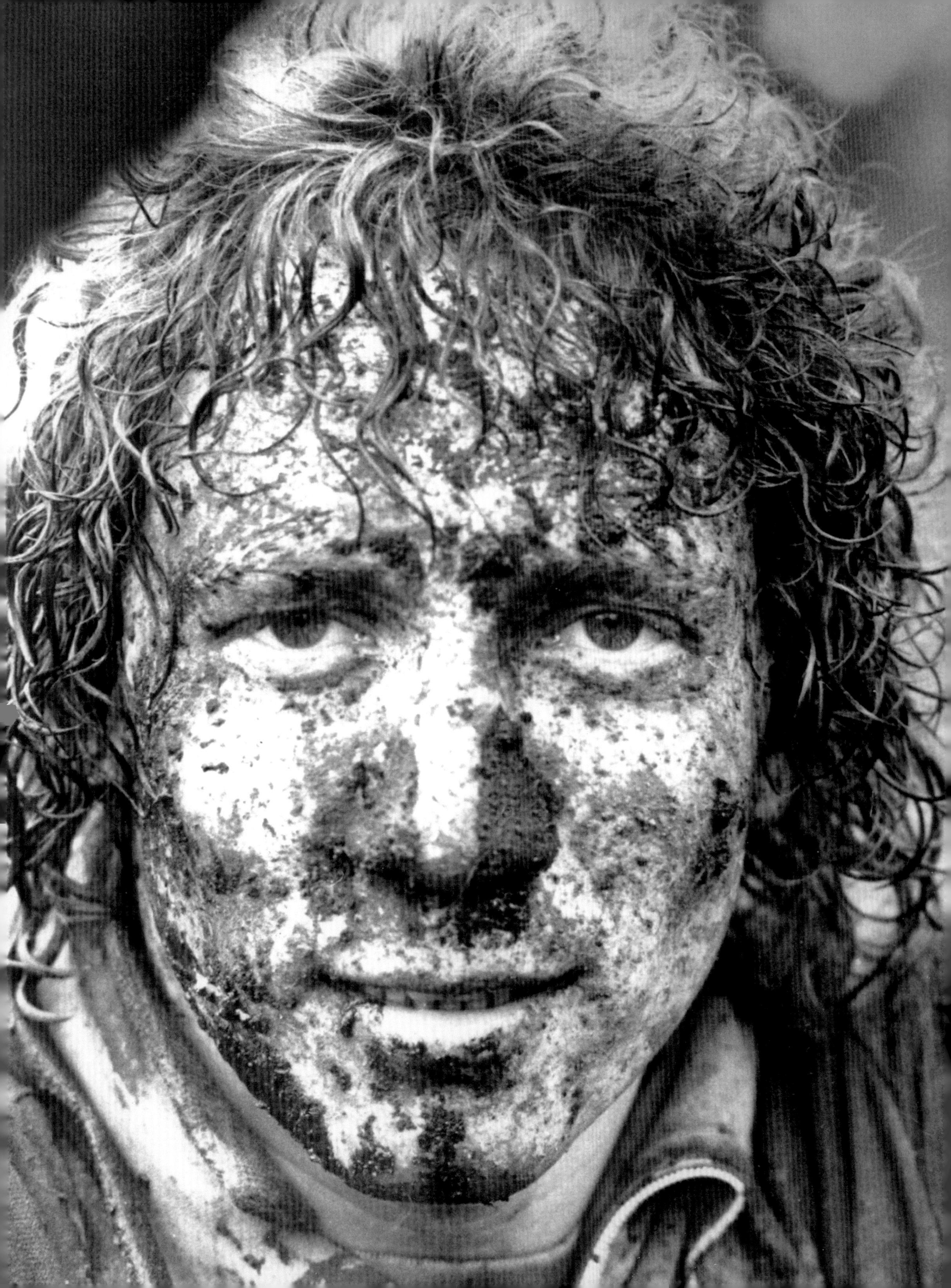

Geboren: 15. August 1952, Worms
In der Liga: 408 Spiele für Hamburger SV (1971–1980), 1. FC Nürnberg (1980–1984), Karlsruher SC (1985), Fortuna Düsseldorf (1986/87) und 1. FC Köln (1987–1990)

Rudi Kargus

Zehn Jahre Hamburger SV, Bundesliga-Rekord-Elfmeterkiller und nur fünf Gelbe Karten in 18 Bundesliga-Jahren: Rudi Kargus war vielerorts ein Held. Er scheiterte nur an seinem eigenen Idol.

Wenn es in der Geschichte der Bundesliga einen echten Elfmeterkiller gab, dann war das Rudi Kargus. Mit Strafstößen war der gebürtige Wormser verhältnismäßig schwer zu überwinden. Er parierte 24 der insgesamt 76 gegen ihn geschossenen Elfmeter, kein Torhüter der Liga hat mehr Strafstöße abgewehrt. Seinen größten Tag in Sachen »Elfmeter halten« erlebte der reaktionsschnelle Kargus allerdings nicht in der Liga, sondern am 22. Dezember 1973 im DFB-Pokal.

Nach einem 2:2 in der Vorwoche stand im Hamburger Volksparkstadion das Wiederholungsspiel im Achtelfinale gegen Titelverteidiger Borussia Mönchengladbach an. Während der regulären 90 Spielminuten und in der Verlängerung hielt der damals 21-jährige HSV-Schlussmann Kargus seinen Kasten sauber. Es ging also ins Elfmeterschießen.

Dort wehrte Kargus die Versuche von Horst Köppel, Rainer Bonhof sowie Dietmar Danner ab, allein Gladbachs Goalgetter Jupp Heynckes traf an Kargus vorbei ins Netz. Mehr Elfmeter mussten nicht geschossen werden, da sämtliche Schützen der Heimmannschaft getroffen hatten und der HSV somit im Viertelfinale stand. Dieser Samstagnachmittag bedeutete den Durchbruch für den jungen Kargus.

Es wäre allerdings ein Fehler, Rudi Kargus auf seine großartige Elfmeter-Statistik zu reduzieren. In seiner Zeit beim HSV war er einer der besten Torhüter der Liga, an seinem Idol Sepp Maier kam er im Nationaltor allerdings nie entscheidend vorbei. Mit dem HSV gewann Kargus den DFB-Pokal (1976), den Europapokal der Pokalsieger (1977) und schließlich auch noch die Deutsche Meisterschaft (1979). Doch da kriselte es bereits mächtig zwischen dem sensiblen Kargus und seinem mindestens ebenso sensiblen Trainer Branko Zebec. Der öffentlich gern autoritär auftretende Kroate kritisierte seinen Torwart häufig, der derweil immer schlechtere Leistungen zeigte, weil ihm die Rückendeckung fehlte. 1980 trennten sich Klub und Torwart, offiziell wegen unterschiedlicher Gehaltsvorstellungen. Für Kargus begann nun ein anderer Karriereabschnitt.

Zwei Sensibelchen machen sich das Leben gegenseitig schwer.

Und der begann mit Arbeitslosigkeit. Weil der HSV eine hohe Ablöse verlangte, fand der 28-jährige Kargus zunächst keinen neuen Arbeitgeber und bezog erst einmal Stütze – wenn auch nur kurzzeitig. Dann wechselte er nach Nürnberg, wo er dreimal erfolgreich mithalf, den Gang in die Zweite Liga abzuwenden. Als 1984 der Abstieg nicht mehr zu verhindern war, hielt die Verbindung auch nicht mehr lange. Als Mannschaftskapitän und »Rädelsführer« der Spielerrevolte gegen Trainer Heinz Höher zu Beginn der Zweitligasaison wurde Kargus wie auch drei seiner Kollegen gekündigt.

Kargus wechselte zurück in die Bundesliga nach Karlsruhe, stieg dort erneut ab, er ging nach Düsseldorf und stieg zum dritten Mal ab. In Köln schließlich beendete er seine Ligakarriere, indem er sich drei Jahre lang als Ersatz für Nationaltorwart Bodo Illgner auf die Bank setzte und kein einziges Spiel bestritt.

War die Asche noch so nass, voller Matsch und Modder: Rudi Kargus machte auch im Training mit jeder Pfütze Bekanntschaft.

Geboren: 27. März 1986, Gelsenkirchen
In der Liga: 277 Spiele (0 Tore) für FC Schalke 04 (2006–2011) und FC Bayern München (seit 2011)

Manuel Neuer

Als er nach einer Ewigkeit den FC Schalke 04 verlässt, um nicht nur Deutschlands bester, sondern auch Deutschlands erfolgreichster Torwart zu werden, macht Manuel Neuer alles richtig.

Sein Torwartspiel hat sich Manuel Neuer bei zwei Vorgängern abgeschaut. Zum einem von Jens Lehmann, als der noch beim FC Schalke 04 zwischen den Pfosten stand. Lehmann galt als moderner Torhüter, der mit dem Ball am Fuß fast so gut umgehen konnte, wie wenn er ihn zwischen den Händen festhielt. Der 15 Jahre jüngere Neuer, der mit fünf Jahren dem FC Schalke beigetreten war, stand damals als Balljunge bei Spielen hinter Lehmanns Tor und lernte.

Der andere große Einfluss für Neuer war Bayerns Oliver Kahn, ihn bewunderte er aus der Ferne wegen dessen unbändigen Ehrgeizes und seiner Siegermentalität. Als Kahn etwa nach einer grandiosen WM 2002 ausgerechnet im Finale gegen den Brasilianer Ronaldo der spielentscheidende Fehler unterlief, saß der inzwischen 16-jährige Manuel Neuer im Deutschland-Trikot vor dem Fernseher und litt mit dem Titan-Keeper mit.

Wenn man Manuel Neuer heute im Stadion beobachtet, erkennt man, dass er das Torwartspiel nicht völlig neu erfunden hat. Er hat ihm aber ein wirklich unfassbares Repertoire an Reflexen geschenkt und eine neue Art der Leichtigkeit – konservative Betrachter würden sagen, eine Leichtsinnigkeit. Denn bei seinen spektakulären Ausflügen aus dem eigenen Strafraum geht Neuer bisweilen ein hohes Risiko ein. Und dabei ist ab und an auch schon mal richtig was schiefgegangen. Gladbach-Anhänger dürften sich daran vornehmlich gut erinnern.

In seiner Kindheit war Manuel »Manu« Neuer Mitglied des Schalke-Fanclubs »Buerschenschaft«.

Das Jahr 2011 markiert einen großen Einschnitt im Leben Neuers. Mit seinem FC Schalke schafft Kapitän Neuer den Einzug ins Halbfinale der Champions League, kurz darauf gewinnt man in Berlin den DFB-Pokal. Doch Neuer ahnt, dass er bei aller Liebe zu Königsblau mit diesem Verein nicht mehr erreichen kann, und als den Nationalkeeper das Angebot des FC Bayern erreicht, da willigt er ein.

Nur drei Jahre später hat Neuer mit den Bayern zwei Meisterschaften, zwei DFB-Pokale und die Champions League gewonnen. Das Jahr 2014 krönte er mit dem WM-Titel in Brasilien, wobei nicht nur seine atemberaubenden Ausflüge im knappen Achtelfinale gegen Algerien und der mächtige Reflex im Viertelfinale gegen den Franzosen Karim Benzema in bester Erinnerung geblieben sind. Neuers Lieblingsszene des Turniers fand im Halbfinale gegen Brasilien statt, als er, nachdem er einen Ball der Brasilianer ins Toraus hatte laufen lassen, rechts außerhalb seines Strafraums stand und Bastian Schweinsteiger als Torhüter den Abschlag auf ihn ausführte. »Das war nachträglich gesehen schon ein bisschen prickelnd«, gestand er der *Süddeutschen Zeitung*.

Wobei Neuer sich nicht zuletzt auch in solchen Situationen in einem Zustand permanenter Fortbildung sieht. Es gehe in seinem Spiel ständig um Risikoabwägung, »und da bringt mich jedes Spiel auf hohem Niveau weiter.« Und davon hat der gebürtige Gelsenkirchener in der Nationalmannschaft und in der Champions League mit dem deutschen Abo-Meister FC Bayern München in jedem Jahr ausreichend Fortbildungsmaßnahmen. Und nebenbei stellt er dann die ein oder andere Bundesliga-Bestmarke auf. Wie in der gerade abgelaufenen Saison, in der der 29-Jährige in 20 der 34 Ligaspiele kein Gegentor kassierte.

Manuel Neuer hat nicht nur spektakuläre Ausflüge im Portfolio – er kann auch mal richtig laut werden, wenn es sein muss.

ÖLSCH
Dom KÖ
Stern

Geboren: 30. November 1948, Eggenfelden
In der Liga: 398 Spiele für VfB Stuttgart (1967–1975) und MSV Duisburg (1975–1982)

Gerhard »Flieger« Heinze

Auch wenn Gerhard Heinze in seinen besten Szenen stets wie ein Überflieger aussah, hat er eines nie geschafft: eine ganze Saison durchzuspielen. Immer wieder gab es Zweifel daran, ob er wirklich ein ganz Großer ist.

Keiner konnte schöner durch den Fünfmeterraum segeln als er. Wenn Gerhard Heinze abhob, um einen Richtung oberes Toreck abgefeuerten Ball zu entschärfen, dann schien die Szene wie in Zeitlupe abzulaufen: Anmutig flog Heinze dem Ball entgegen, flog und flog – und dann hatte er ihn. Oft sank Heinze mit dem gefangenen Leder zu Boden und begrub es unter sich. Das war dann die Kür.

Nicht nur im reinen Ablenken des Spielgeräts etwa auf Kosten einer Ecke, sondern im Fliegen und abschließenden Bergen des Balles bestand jene Kunst, in der Heinze in der Bundesliga Extraklasse war. Deswegen verlieh man dem mit 1,76 Meter Körperlänge für einen Torwart eher klein geratenen Heinze völlig zu Recht den Spitznamen »Flieger«.

Im Alter von 19 Jahren war der talentierte Heinze beim VfB Stuttgart gelandet. Das war zu Beginn der Saison 1967/68, das VfB-Tor wurde seinerzeit von einem zehnfachen Nationalspieler gehütet, dem Mittdreißiger Günter Sawitzki. Ein Jahr benötigte Gerhard Heinze, um Sawitzki durch Leistung aus dem Gehäuse zu verdrängen, doch schon damals und auch in den Folgejahren kamen immer wieder Zweifel, bisweilen sogar harsche Kritik an Heinze wegen seiner Körpergröße auf. Und tatsächlich zeigte der Keeper vor allem abseits der Linie mitunter auch flatterhafte Leistungen.

So verpflichtete die Vereinsführung der Stuttgarter 1971 den Kroaten Zlatko Škorić, um den Druck auf Heinze zu erhöhen. Nach einem Jahr und 24 Einsätzen verließ Škorić den VfB in Richtung Bayern München, Heinze war wieder die umstrittene Nummer eins. 1974 rückte Nachwuchskeeper Helmut Roleder Heinze zur Seite und auf die Pelle, und als es gegen Ende der Saison eng wurde, setzte der zum Jahreswechsel als »Feuerwehrmann« verpflichtete Trainer Albert Sing Heinze nach 193 Einsätzen im Oberhaus vor die Tür. Es dauerte nicht besonders lange, ehe Sing selbst durch die Klubführung entlassen wurde.

Damit war Gerhard Heinze der erste Bundesliga-Profi, der Arbeitslosengeld bezog. Zwei Monate lang erhielt Heinze jeweils 1297 Mark »Stütze«, dann wechselte er für eine Ablöse von 140 000 Mark zum MSV Duisburg, und bei dem Ruhrgebietsverein stieg er zum Kultspieler auf. Neben Kapitän und Nationalspieler Bernard Dietz war er der zweite große Star bei den »Zebras«.

1982, nach sechs Jahren in der Bundesliga, ging Heinze im Alter von 33 Jahren mit dem MSV Duisburg in die Zweite Liga. Jedoch nur für eine Saison, dann beendete er seine Karriere. »Lächerlich« nannte Heinze jenes Angebot, das die MSV-Vorderen ihm, dem Liebling der Fans, fürs Weitermachen unterbreitet hatten: 4000 Mark monatlich. Und da Verhandlungen mit Alemannia Aachen, Rot-Weiß Oberhausen und Borussia Mönchengladbach für Heinze ohne Ergebnis verlaufen waren, übernahm dieser im nördlich von Duisburg gelegenen Dinslaken ein Sportzentrum mit Squash- und Tennisplätzen. »Ich habe rechtzeitig den Absprung geschafft«, zog der »Flieger« einen Schlussstrich. »Der Fußball steckt in einer schweren Krise. Die Persönlichkeiten sterben aus, und mit Hausmannskost sind Zuschauer nicht mehr in die Stadien zu locken.«

Der erste Bundesliga-Profi, der »Stütze« bezog.

Schuss: abgewehrt – Höhe: langsam wieder abnehmend – linker Arm, linkes Bein: bitte die Landung vorbereiten.

Bodo Illgner

Vermutlich würden noch die meisten deutschen Fußballfans wissen, wer im WM-Endspiel 1990 im Tor gestanden hat. Aber wie viele würden frei heraus behaupten, Bodo Illgner sei einer der ganz Großen in Deutschlands Torhüterhistorie?

Geboren: 7. April 1967, Koblenz
In der Liga: 326 Spiele für 1. FC Köln (1985–1997)

Das Letzte, das man von Bodo Illgner gehört hat, war die Nachricht von einem Ortswechsel. Im Sommer 2007 verkündete der 40-Jährige, er werde mit seiner Frau Bianca und den drei Kindern von Südspanien nach Florida ziehen. Mehr als zehn Jahre hatte Illgner seit seinem Wechsel vom 1. FC Köln zu Real Madrid in Spanien gelebt, zuletzt auf einem 3000 Quadratmeter großen Grundstück in der Provinz Alicante. Von dort ging es Richtung Miami.

Unzweifelhaft war Bodo Illgner ein überdurchschnittlicher Torwart mit großen Stärken auf der Linie. Doch neben durchschnittlicher Strafraumbeherrschung zeichnete ihn stets auch eine Unnahbarkeit aus, die ihm viele als schiere Arroganz auslegten. Das sorgte bereits in seiner Zeit beim 1. FC Köln für Irritationen, richtig problematisch aber wurde es für Illgner bei Real Madrid, wo er ab 1996 spielte. Niemand würde auf die Idee kommen, Bodo Illgner einen Mann des Volkes zu nennen, am wenigsten wohl er selbst.

»Toni« Schumacher sorgte unfreiwillig für Illgners »Anpfiff«.

Mit 18 machte Illgner sein erstes Bundesliga-Spiel. Ermöglicht hatte dies der Rauswurf seines Vorgängers im Kölner Tor, »Toni« Schumacher. Als dessen kontroverses Buch *Anpfiff* erschien, war Illgner längst schon mit dem 1. FC Nürnberg handelseinig, doch nach Schumachers erzwungenem Abgang war auch Illgners Wechsel nach Franken passé. Zwei Jahre später stand der 20-Jährige erstmals im Nationaltor, 1990 wurde er im Alter von 23 Jahren jüngster Weltmeister-Torwart. Obwohl zu dieser Zeit nicht unumstritten – viele hielten den Nürnberger Köpke, manche gar den Münchener Aumann für den besseren Schlussmann – kam Illgners großes Spiel bei der WM 1990 im Halbfinale. Als ihm der Engländer Stuart Pearce im Elfmeterschießen den Ball gegen das Schienbein drosch, war Illgner der Held von Turin. Vier Jahre später, nach dem 1:2 im Viertelfinale gegen Bulgarien, trat er aus der Nationalmannschaft zurück in dem Wissen, kein gutes WM-Turnier in den USA gespielt zu haben.

Nachdem er den Bundesliga-Abstieg verhindert und in der Folgesaison 1996/97 vier Einsätze für Köln absolviert hatte, wechselte Illgner urplötzlich zu Real Madrid. Den Transfer hatte seine Frau Bianca eingefädelt. Gleich im ersten Jahr wurde Illgner Meister, machte sich aber wenig Freunde, weil er zunächst nicht an der Ehrenrunde im Stadion und später auch nicht an der Meisterfeier der Mannschaft teilnahm. Er habe einen grippalen Infekt, ließ Illgner ausrichten. Nach einer schwachen Zwischensaison gewann ein überragend haltender Illgner mit Real 1998 die Champions League und den Weltpokal. Im Jahr darauf erhielt er einen neuen Dreijahresvertrag.

In der Spielzeit 1999/2000 zog er sich eine Knieverletzung zu, fiel einige Monate aus und fand nie mehr zu alter Form zurück. 15 Monate lang machte der Deutsche kein Spiel mehr für Real, benahm sich in dieser Zeit Fans gegenüber überheblich und weigerte sich, der Presse Interviews zu geben. Am 30. Juni 2001, ein Jahr vor regulärem Ablauf, wurde der Vertrag zwischen Illgner und Real aufgelöst. Es war der Tag, an dem die Karriere des Torwarts Bodo Illgner endete.

Sein Weg zeigte lange Zeit nur nach oben: Illgner war Nationaltorhüter und Weltmeister, Mannschaftskapitän bei und Vizemeister mit dem 1. FC Köln sowie später Spanischer Meister mit Real Madrid.

Ford

Petar Radenković

Geboren: 1. Oktober 1934, Belgrad (vormals Jugoslawien, heute Serbien)
In der Liga: 215 Spiele für den TSV 1860 München (1963–1970)

Am ersten Spieltag der ersten Bundesliga-Saison 1963 standen lediglich vier ausländische Fußballer auf den acht Plätzen, und nur einer war ein Torwart: Petar Radenković.

Welcher Fußballer kann schon von sich behaupten, die *Beatles* geschlagen zu haben. Petar Radenković kann das. Mit seinem rauf und runter genudelten Erfolgshit »Bin i Radi, bin i König« belegte er im April 1965 vier Wochen lang eine bessere Chartplatzierung als die bekannteste Band der Welt. 400000 Singles verkaufte der aus dem heutigen Serbien stammende Torhüter des TSV 1860 München, dessen Vater der in den 1930er-Jahren angesagte serbische Sänger und Gitarrist Rasa Radenković (Künstlername: Rascha Rodell) war.

Aber Radenković war nicht nur wegen seines – zugegeben – bescheidenen gesanglichen Könnens ein Star der 1960er-Jahre. Ihm war anzumerken, dass er bis zum Alter von 16 Jahren als Stürmer eingesetzt worden war, denn später entfloh er als Torwart oft dem eigenen Sechzehner und wagte sich mit dem Ball am Fuß weit in die gegnerische Hälfte hinein. Dabei kam es auch vor, dass der stets ganz in Schwarz gekleidete Keeper den Ball verlor und ein Gegentor einleitete – dennoch, die Fans des TSV 1860 München liebten die Show, die ihnen der Serbe immer wieder bot. Besonders natürlich, wenn sie Erfolge mit sich brachte.

Wie 1964 den DFB-Pokal-Sieg, zwei Jahre später die Deutsche Meisterschaft und im Jahr danach den Einzug ins Finale im Europapokal der Pokalsieger gegen West Ham United in London, wohin »Radi« mit Monokel, Regenschirm und Bowler reiste – dies waren die letzten großen Erfolge der »Löwen«, und das bis heute.

Was viele Sechzig-Anhänger nicht wissen: Eigentlich wollte Radenković beim Rivalen Bayern München Karriere machen, doch als er da Anfang der 1960er-Jahre unangemeldet zum Probetraining erschien, ließ man ihn einfach nicht mittrainieren.

In seiner ersten Saison gelang Radenković, hier beim Abwurf, sogar eine Torvorlage.

Geboren: 12. März 1962, Kiel
In der Liga: 346 Spiele (2 Tore) für 1. FC Nürnberg (1986–1994, 1998/99) und Eintracht Frankfurt (1994–1996)

Andreas Köpke

Seine persönliche Titelliste lässt sich sehen: Fußballer des Jahres (1993), Torhüter des Jahres (1995) und sogar Welttorhüter (1996). Doch in der Bundesliga bestimmten eher diverse Vereinsabstiege seine Karriere.

Heute ist Andreas Köpke die klare Nummer eins beim Deutschen Fußball-Bund. Er ist der Torwarttrainer, also Chef aller Keeper der Nationalmannschaft. Dabei war der eigene Weg ins Nationaltor für den gebürtigen Kieler früher ein langer gewesen – vor allem aufgrund zahlreicher Abstiege.

Mit Holstein Kiel stieg Jungprofi Köpke aus der Zweiten Bundesliga Nord in die Regionalliga ab. Der Vorgang wiederholte sich für den Keeper beim SC Charlottenburg und im Trikot von Hertha BSC Berlin. Und auch mit dem 1. FC Nürnberg stieg Köpke wieder ab – diesmal allerdings aus der Ersten Fußball-Bundesliga. Doch auch der Wechsel zum Erstligisten Eintracht Frankfurt Mitte der 1990er-Jahre sollte für Köpke keine Änderung seiner Abwärtstendenz im Vereinsfußball bedeuten, im Jahre 1996 folgte Abstieg Nummer fünf. Er wechselte in Frankreichs erste Liga zu Olympique Marseille.

Aber nicht nur die Abstiege standen Köpke im Weg Richtung Nationaltor, sondern mit dem Kölner Bodo Illgner auch eine reale Person. Gegen seinen Konkurrenten Illgner verwandelte Köpke im Trikot von Nürnberg in der Saison 1992/93 immerhin einen Elfmeter. Anderthalb Jahre später war der Weg für Köpke nach einer schwachen WM Illgners und dessen Rücktritt frei.

1996 sicherte Köpke Deutschland unter anderem mit einem gehaltenen Elfmeter im Halbfinale gegen England den Europameistertitel. Zwei Jahre später, nach dem Ausscheiden bei der WM gegen Kroatien, trat er aus dem Nationalteam zurück. In der Winterpause 1998 kehrte Köpke aus Marseille zum 1. FC Nürnberg zurück – und stieg dort am Ende der Saison in die Zweite Liga ab. Zwei weitere Spielzeiten lang hütete er das Tor des »Clubs«, sicherte den Wiederaufstieg und beendete dann seine Karriere.

Der vielleicht triumphalste Moment seiner Karriere: Andreas Köpke hält Englands letzten Elfmeter, und Deutschland zieht ins EM-Endspiel ein.

Josef »Sepp« Maier

Über ein Jahrzehnt kam kein Torhüter an der »Katze von Anzing« vorbei – weder bei den Bayern noch im Nationalteam. So musste schließlich ein Autounfall dafür herhalten, um Maiers Rekordserie in der Bundesliga zu beenden.

Geboren: 28. Februar 1944, Metten
In der Liga: 473 Spiele (0 Tore) für FC Bayern München (1965–1979)

Zwei Trainer waren besonders wichtig für seine einmalige Karriere.

Dass »Sepp« Maier zu Wutausbrüchen neigt, konnte man schon während seiner erfolgreichen Zeit im Tor des FC Bayern München miterleben. Immer dann, wenn wieder einer seiner Mitspieler eine brenzlige Situation, gar ein Tor verschuldet hatte, konnte die »Katze von Anzing« äußerst laut und unangenehm werden. Oft allerdings erlaubte er sich dabei gleich auch einen Spaß. Als etwa dem großen Franz Beckenbauer kurz hintereinander zwei Eigentore unterlaufen waren, forderte Maier lauthals die Verpflichtung eines Manndeckers für den weltbesten Libero.

Maier war ein ehrgeiziger Charakter, der sogar so weit ging, Verletzungen zu verschweigen, um bloß spielen zu können. Auf Kritik an seiner sportlichen Leistungsfähigkeit reagierte er in der Regel äußerst dünnhäutig. Er benötigte die uneingeschränkte Solidarität seines Trainers, so wie er sie über all die Jahre bei Bundestrainer Helmut Schön genoss, der auch in Schwächephasen Maiers immer zu seiner Nummer eins hielt. Auch wenn andere – wie etwa vor der WM 1974 im eigenen Land – im Gladbacher Wolfgang Kleff eine erstklassige Alternative zwischen den deutschen Pfosten sahen.

Es war Trainer »Tschik« Čajkovski, der »Sepp« Maier zum Stammtorwart der ersten Mannschaft des FC Bayern München machte. Das war zur Saison 1964/65, gerade hatten die Bayern den Aufstieg aus der Regional- in die Bundesliga verpasst. Und »Sepp« Maier sollte im Verlauf der folgenden Spielzeit großen Anteil daran haben, dass diesmal nichts schieflief. 1965/66 spielten die Bayern dann ihre erste Erstligasaison, an deren Ende Maier als dritter Torwart hinter Hans Tilkowski und Günter Bernard zur WM nach England mitfuhr. Er war 22 Jahre alt und Nationalspieler – und nach dem Turnier war er nicht mehr nur Nationalspieler, sondern die Nummer eins. Eine Position, die er bis 1979 innehatte.

Kein anderer Keeper war Welt- und Europameister, gewann dreimal, noch dazu in Folge, den Europapokal der Landesmeister und einmal den der Pokalsieger – von den zig deutschen Meisterschaften und Pokalsiegen einmal ganz abgesehen. In 14 Jahren in der Bundesliga verpasste Maier nur drei Spiele seines Klubs. Nachdem ein von ihm verschuldeter Autounfall 1979 seine Karriere beendete, hatte Maier zunächst Schwierigkeiten mit einem Leben ohne Fußball. 1987 holte ihn sein langjähriger Weggefährte Franz Beckenbauer als Torwarttrainer zur Nationalmannschaft. Den gleichen Job bekleidete er ab 1994 auch bei Bayern München.

Als Jürgen Klinsmann 2004 Bundestrainer wurde, ließ er Maier nach einem Länderspiel im Iran wissen, dass er nicht mehr gebraucht würde. Klinsmann warf Maier vor, dass dieser öffentlich zu seinem Bayern-Schützling Oliver Kahn halte. In einem Interview bezeichnete Maier Klinsmanns Vorgehen später als »link«. Noch einmal gerieten Maier und Klinsmann aneinander, als der Trainer nämlich beschloss, Kahn im Nationaltor durch Jens Lehmann zu ersetzen. Es wäre nicht fair gewesen, sagte Maier, was Klinsmann mit Kahn gemacht hätte. Bevor Klinsmann im Sommer 2008 schließlich Vereinstrainer des FC Bayern München wurde, hatte Maier nach 14 Jahren als Torwarttrainer seinen Dienst an der Säbener Straße bereits quittiert.

Spaß in den Backen und überall Bälle; so konnte man »Sepp« Maier jahrzehntelang über Trainingsplätze auf der ganzen Welt spazieren sehen.

das
12

RECKEL

Dieter Burdenski

Inmitten des Bundesliga-Skandals tauchte Dieter Burdenski erstmals merklich in den Schlagzeilen auf. Doch im Gegensatz zu einigen Spielerkollegen konnte sich Burdenski aus dessen Schatten langfristig wieder befreien.

Geboren: 26. November 1950, Bremen
In der Liga: 478 Spiele (1 Tor) für FC Schalke 04 (1970/71), Arminia Bielefeld (1971/72) und SV Werder Bremen (1972–1988)

Es gibt nun wahrlich nicht viele Söhne ehemaliger Nationalspieler, die ihrerseits im Fußball eine ansehnliche Karriere haben hinlegen können. Dieter Burdenski ist einer von denen. Der Sohn von Herbert Burdenski spielte 18 Jahre als Profi im Tor, was zu zwölf Einsätzen in der A-Nationalmannschaft langte, aber – um es vorsichtig zu formulieren – nicht zu allzu vielen Titeln. Selbst die inoffizielle Torhüterbestmarke mit insgesamt 478 Bundesliga-Einsätzen hatte Burdenski nur einige Jahre inne, bevor ihn u. a. Uli Stein und Oliver Kahn überholten.

Beim FC Schalke, wo er im Alter von 18 Jahren als Nummer zwei hinter Norbert Nigbur in die erste Mannschaft aufrückte, durfte er im Lauf der Saison 1970/71 dreimal ran – unter anderem in der Partie des 28. Spieltags gegen Arminia Bielefeld (0:1). 2400 Mark strich der junge »Budde« für die Niederlage ein und war damit in den Bundesliga-Skandal verwickelt.

Weil er auf Schalke nicht dauerhaft an Nigbur vorbeikam, wechselte Burdenski am Ende der Saison ausgerechnet zu Arminia Bielefeld. Die Ostwestfalen mussten wegen der Verwicklung in den Skandal zwangsabsteigen. Unter anderem mit dem Transfer von Burdenski zu Werder Bremen konnte die Arminia die Insolvenz verhindern. Bei Werder setzte »Budde« sich zunächst gegen Exnationaltorwart Günter Bernard durch, in der Saison 1975/76 wurde er dann sogar von seinem inzwischen als Trainer tätigen Vater unterwiesen. Es kam die Spielzeit 1979/80, die den sportlichen Tiefpunkt im Leben des Dieter Burdenski markierte. Zwar gelang ihm bei der 2:3-Niederlage gegen den VfB Stuttgart per Elfmeter sein einziger Bundesliga-Treffer. Nach 93 Gegentreffern stiegen »Budde« und Bremen jedoch in die Zweite Liga ab.

Zunächst mit Kuno Klötzer, dann vor allem mit dem neuen Trainer Otto Rehhagel stiegen die Norddeutschen sogleich wieder in die Bundesliga auf. Und in den Folgejahren hatte der solide haltende Dieter Burdenksi einen ganz wesentlichen Anteil am Aufstieg des Klubs in die nationale Spitze. Im letzten Jahr seiner aktiven Karriere wurde der gelernte Bauzeichner Burdenski dann sogar noch Deutscher Meister. Das war 1988, doch da hatte ihn sein Nachfolger Oliver Reck bereits als Nummer eins im Tor der Bremer abgelöst.

Das Karriereende entpuppte sich schnell als ein einstweilen nur für die Bundesliga gültiges. Bereits wenige Wochen später stand der 37-Jährige nämlich schon wieder zwischen den Pfosten im bezahlten Fußball. Beim schwedischen Erstdivsionär AIK Stockholm hatte sich der Stammtorhüter verletzt, und »Budde« half im Heimspiel gegen Hammarby IF aus.

Ein wenig Groundhopping in Schweden nach dem Karriereende.

Im Februar 2002, 14 Jahre nach seinem offiziellen Karriereende, folgte dann ein weiteres Comeback: Im Alter von 51 Jahren streifte Torwarttrainer Burdenski noch einmal die Handschuhe für ein Pflichtspiel über.

Weil sämtliche drei Keeper der zweiten Mannschaft des SV Werder ausfielen, musste »Budde« im Regionalliga-Match beim Chemnitzer FC noch einmal ran. Was kein Problem für Burdenksi war, zumindest keines fehlender Fitness: »85 Kilo hab ich heute, eins mehr als früher«, sagte er damals.

Ein gigantischer Überflieger war der gebürtige Bremer nur selten. Aber immerhin hielt seine Puste für nahezu 500 Bundesliga-Spiele.

Geboren: 6. März 1954, Düren
In der Liga: 464 Spiele (0 Tore) für 1. FC Köln (1972–1987), Schalke 04 (1987/88), FC Bayern München (1991/92) und Borussia Dortmund (1995/96)

Harald »Toni« Schumacher

Er war fanatisch, provozierte gern und akzeptierte für sich dieselbe Härte, die er auszuteilen pflegte. Entsprechend wäre es kühn zu behaupten, dass es sich bei »Toni« Schumacher um den beliebtesten deutschen Torhüter der Geschichte handelt.

Der Europa- und zweifache Vizeweltmeister Harald Anton Schumacher wird es nicht besonders mögen, aber natürlich beginnt dieser Text mit jenem Buch, das ihn, den weltberühmten Torwart, noch ein wenig weltberühmter machte. *Anpfiff* verkaufte sich weltweit 1,5 Millionen Mal und kostete den »Tünn« 1987 nicht nur seinen sicheren Rentenjob im Tor des 1. FC Köln, sondern nach 76 Einsätzen auch den Platz in der Nationalmannschaft. »Ich wollte provozieren und die Wahrheit aussprechen – zum Beispiel, dass auch im Fußball gedopt wird«, hat Schumacher zum 20-jährigen Jubiläum des Erscheinens gesagt, »ich dachte, für die Wahrheit kann man nicht bestraft werden.« »Toni« irrte.

Dabei wäre es Anfang September 1983 fast schon einmal vorbei gewesen mit Köln und seinem besten Torwart und Double-Gewinner von 1978. Schumacher und der autoritäre niederländische Trainer Rinus Michels führten eine lang andauernde Fehde, in der Michels zunächst wie der Sieger aussah, als er Schumachers Rekordserie von 213 Bundesliga-Spielen in Folge qua Suspendierung beendete. Schumacher trug sich mit Abwanderungsgedanken, blieb jedoch und war ein knappes Jahr später der Drahtzieher hinter Michels Entlassung.

Den ersten Kölner Machtkampf konnte »Toni« noch siegreich gestalten.

Zu der Zeit hütete Schumacher bereits im vierten Jahr das Nationaltor. Seinen erinnerungswürdigsten Auftritt für Deutschland legte er am 8. Juli 1982 im Halbfinale der Weltmeisterschaft im spanischen Sevilla hin, als er den Franzosen Patrick Battiston brutal foulte. Battiston brach sich einen Halswirbel an, verlor ein paar Zähne und blieb minutenlang bewusstlos liegen. Schumachers Kommentar nach dem Schlusspfiff: »Dann zahl ich ihm eben die Jacketkronen.« Zwar hatte Schumacher durch sein Foul einen möglichen Gegentreffer verhindert, im Elfmeterschießen zwei Versuche der Franzosen abgewehrt und damit den Einzug ins Finale gesichert, dennoch blieb mehr als ein Imageschaden.

»Wenn man zur Spitze will, muss man fanatisch sein«, behauptete Schumacher, der Zeit seines Torwartlebens bereit war, immer auch über die Schmerzgrenze hinauszugehen. Beleg dafür sind mehrfach gebrochene Finger und Rippen, ein zweifach zertrümmertes Nasenbein und eine gequetschte Niere. Doppelt riss Schumacher sich die Kreuz- und Außenbänder im Knie.

Als Cheftrainer wurde der ehemalige Torwart nicht glücklich und bei seiner einzigen Station zudem noch Opfer des wohl obskursten Rauswurfs im deutschen Profifußball. Beim »ewigen« Zweitligisten Fortuna Köln feuerte ihn Klubchef »Jean« Löring in der Halbzeitpause des Heimspiels gegen Waldhof Mannheim im Dezember 1999. Danach arbeitete Schumacher erfolgreich als Torwarttrainer bei Bayer Leverkusen, ein Job, den er zuvor schon beim FC Schalke 04, FC Bayern München und bei Borussia Dortmund ausgeführt hatte. Teams, für die er nach seinem Rauswurf in Köln mehr oder weniger kurzzeitig noch im Tor aktiv gewesen war.

Ein Ziel verfolgt »Toni« Schumacher immer noch – ins Präsidium des FC hat er es ja inzwischen geschafft. Aber der Job als kölscher Karnevalsprinz steht nach wie vor auf der Agenda.

In der Zwischenzeit verbringt er seine Zeit als Mitinhaber einer Agentur, die etwa Schalke 04 den Sponsorendeal mit einem russischen Energiekonzern besorgte.

Einsamer Rekordhalter: Kein Spieler hat in der Bundesliga mehr Spieler für den 1. FC Köln absolviert als Toni Schumacher – 422 Einsätze im Trikot mit dem Geißbock über dem Herzen.

adidas
reusch

Geboren: 21. Februar 1949, Malmö (Schweden)
In der Liga: 266 Spiele für den 1. FC Kaiserslautern (1974–1984)

Ronnie Hellström

Bereits als Zweiundzwanzigjähriger gewann Ronnie Hellström den »Guldbollen« und war damit Schwedens »Fußballer des Jahres« 1971. Weitere Titel sollten in seiner langjährigen Karriere jedoch nicht mehr folgen.

Aus Weltmeisterschaftsgefilden hinab in den Abstiegskampf.

Er war einer der auffälligeren Spieler der Fußball-WM 1974 in Deutschland, wahrscheinlich sogar der beste Keeper des Turniers. Im Tor der schwedischen Mannschaft brachte Ronnie Hellström sein Team bis ins Viertelfinale gegen den Gastgeber und späteren Weltmeister. Beim legendären Regenspiel in Düsseldorf (2:4), einem seiner insgesamt 77 Länderspiele, konnte sich der 1,86-Meter-Mann Hellström mehrfach auszeichnen, die Niederlage und das Ausscheiden der Schweden indes nicht verhindern.

Das steigerte den Marktwert des großen Blonden mit dem breiten Schnäuzer merklich, und beim Bundesligisten 1. FC Kaiserslautern freute man sich, weil man Hellström bereits vor dem Turnier für vergleichsweise günstige 200 000 Mark vom schwedischen Erstligisten Hammarby IF abgeworben hatte. Doch statt einer nahtlosen Fortsetzung der WM-Erfolgsgeschichte musste Hellström in seiner Premierensaisonfür den FCK lange zittern, bis der Nichtabstieg feststand. Mit zahlreichen Paraden hatte der Keeper einen großen Anteil am Klassenerhalt. Unter anderem hielt er in seinem ersten Spiel gegen den FC Bayern München vorzüglich, der FCK gewann auswärts 5:2.

Erst 1977/78 durfte Hellström mit Kaiserslautern eine Spielzeit erleben, die mal nicht im Zeichen des Abstiegs stand. Lautern wurde Herbstmeister, am Ende langte es dann hinter Köln und Mönchengladbach nur zu Rang drei. In seinen zehn Jahren auf dem »Betze« hat Hellström mit Kaiserslautern keinen Titel gewinnen können.

Zu Beginn der Spielzeit 1981/82 wurde dem schwedischen Torwart sein Nachfolger vorgesetzt: Armin Reichel. Bis zum 25. Spieltag hütete Reichel das Lauterer Tor, dann, vor der Partie in Leverkusen, entschied sich Trainer Karlheinz Feldkamp für Hellström zwischen den Pfosten. Der FCK siegte beim Werksklub mit 1:0, Hellström hatte seinen angestammten Posten wieder – zunächst.

Es folgte einer der wohl größten Auftritte des Schweden im Trikot der Pfälzer. Nachdem der FCK im Hinspiel des UEFA-Cups 1982 mit 1:3 bei Real Madrid unterlegen war, gingen die Spanier beim Rückspiel in Kaiserslautern regelrecht unter. 5:0 gewannen die Lauterer – und als das Spiel zwischenzeitlich zu kippen drohte, parierte Hellström einen Elfer von Cortez.

Zwar hielt Hellström im Halbfinale gegen seine Landsleute vom IFK Göteborg erneut sehr gut, doch in der Verlängerung des Rückspiels kassierte man den entscheidenden Treffer – aus der Traum vom europäischen Finale für den FCK.

Die Ära Hellström neigte sich in der Saison 1982/83 weiter und konsequent dem Ende zu. Trainer Rudolf Kröner setzte den Schweden nach schwachen Leistungen auf die Bank und stellte wieder Reichel ins Tor. Als Kröner in der Rückrunde entlassen wurde, baute dessen Nachfolger Ernst Diehl weiter auf Reichel. Hellström war zu diesem Zeitpunkt verletzt.

Im Folgejahr kehrte Hellström als Nummer eins ins FCK-Tor zurück. An sein altes Leistungsvermögen konnte er nicht mehr anknüpfen. Sein Abschied war dann auch eher ein trauriger: Am 26. Mai 1984 musste er bei Eintracht Frankfurt dreimal hinter sich greifen, den Lauterern gelang kein Tor.

In den Fußballstadien, in denen der Lauterer Torhüter durch die Strafräume flog, gab es nicht nur Herrenkleidung der Weltklasse zu bewundern.

BACH
Herrenkleidung der Weltklasse
SAMSON

Mladen Pralija

Geboren: 28. Januar 1959, Split
(vormals Jugoslawien, heute Kroatien)
In der Liga: 14 Spiele für den Hamburger SV (1987/88)

Ob seine Bundesliga-Blitzkarriere eher von Unglück oder von Unvermögen gezeichnet war, lässt sich heute kaum mehr feststellen. Klar ist: Mladen Pralija hätte wohl selbst gern auf dieses Intermezzo verzichtet.

Die Bundesligalaufbahn des kroatischen Torhüters Mladen Pralija war ein großes Missverständnis in der Geschichte der Fußball-Bundesliga. Nachdem der Hamburger SV seinen Torwart Uli Stein kurzfristig wegen eines Faustschlags gegen den Bayern-Spieler Jürgen Wegmann entlassen hatte, empfahl Trainer Josip Skoblar der Vereinsführung seinen bei Hajduk Split unter Vertrag stehenden Landsmann Pralija als neuen Mann zwischen den Pfosten. Ohne sich die Neuverpflichtung anzusehen, stattete der HSV Pralija mit einem Zweijahresvertrag aus, Jahresgehalt 200 000 Mark.

Bereits das Debüt Pralijas ging ordentlich in die Hose: Am 8. August 1987 kassierte der 28-Jährige sechs Tore beim FC Bayern München, von denen vier eindeutig ihm anzulasten waren. Es folgte ein 0:4 im Heimspiel gegen den Karlsruher SC. Und am 26. September desselben Jahres wurde Pralija in Mönchengladbach beim Stand von 1:3 nach 27 Minuten verletzt ausgewechselt, sein Ersatz Richard Golz fing sich dann weitere fünf Gegentreffer.

In seinen 14 Spielen für den HSV musste Pralija insgesamt 30-mal hinter sich greifen, lediglich in der Partie beim späteren Absteiger aus Homburg (2:0) kassierte der Kroate kein Tor. Der HSV rutschte in der Tabelle ab, und die Verantwortlichen entließen erst einmal Trainer Skoblar. Dessen Nachfolger Willi Reimann verzichtete fortan auf das Mittun von Pralija und verpflichtete den Routinier Heinz-Josef »Jupp« Koitka als dessen Nachfolger.

Gegenüber dem *Hamburger Abendblatt* hat sich Pralija Jahre später einmal gerechtfertigt: »Es war eine unglückliche Zeit. Als ich nach Hamburg kam, hatte ich kaum trainiert, kannte weder das Umfeld noch die Sprache.«

Besonders viele Leute wusste Pralija in seiner kurzen Zeit beim HSV nicht hinter sich.

Geboren: 23. Oktober 1954, Hamburg
In der Liga: 512 Spiele für Arminia Bielefeld (1976–1980 und 1996/1997), Hamburger SV (1980–1987 und 1994/95) und Eintracht Frankfurt (1987–1994)

Uli Stein

Für seinen ersten Profiklub Arminia Bielefeld ging Uli Stein auf seine alten Tage sogar für ein Jahr in die Zweite Liga, um mit ihnen gleich wieder erstklassig zu werden. Und nicht nur in Ostwestfalen gilt er als legendär.

Wenn man ihn fragen würde, weshalb seine Karriere nicht erfolgreicher verlaufen ist, würde Uli Stein wohl antworten, dass er sich nicht habe verbiegen lassen wollen. Andere würden sagen, dass der erstklassige Torwart Stein sich sein Sportlerleben selbst oft schwerer als nötig gemacht hat.

Die berühmteste Entgleisung Steins fand während der Weltmeisterschaft 1986 in Mexiko statt, als der damals deutlich leistungsstärkere HSV-Keeper dem DFB-Teamchef Franz Beckenbauer nicht verzeihen konnte, dass dieser dem Kölner »Toni« Schumacher den Vorzug im Nationaltor gab. Stein nannte Beckenbauer einen »Suppenkasper« und durfte nicht nur als erster deutscher WM-Teilnehmer der Geschichte umgehend die Heimreise antreten, sondern hatte damit zugleich auch seine Nationalmannschaftskarriere beendet.

Die zweite große Entgleisung Steins endete ebenfalls mit einem Rauswurf. Nachdem er mit dem Hamburger SV zwei Deutsche Meisterschaften (1982, 1983), einen DFB-Pokal (1987) und den Europapokal der Landesmeister (1983) gewonnen hatte, versetzte er im Supercupfinale 1987 dem damaligen Bayern-Stürmer Jürgen »Kobra« Wegmann einen Faustschlag. Es folgt der Rausschmiss in Hamburg, Stein wechselte zu Eintracht Frankfurt.

Dort schaffte er zwar gleich im ersten Jahr seinen einzigen Titel mit der Eintracht (DFB-Pokal), aber auch in Frankfurt blieb der weiterhin exzellent spielende Stein seiner dunklen Seite treu. Im Auftaktmatch der Saison 1988/89 weigerte er sich beim FC Bayern in München, nach dem ersten Gegentor in sein Tor zurückzukehren. Daraufhin zeigte ihm der Schiedsrichter Gelb, Stein klatschte höhnisch Beifall und erhielt Rot.

Genau wie bei Rudi Kargus gab es auch für Uli Stein keinen Trainingsplatz, der schmutzig genug war für ihn.

... und über allem schwebt

Der Kaiser

Franz Beckenbauer

F.C. BAYERN
MÜNCHEN E.V.

Franz Beckenbauer

Ganz ohne Zweifel ist er die Persönlichkeit, die Fußball-Deutschland bis dato am meisten geprägt hat. Ob als Spieler, Trainer oder Interviewpartner: Die »Lichtgestalt« strahlt bei ihren Auftritten immer einen besonderen, unnachahmlichen Glanz aus.

Geboren: 11. September 1945, München
In der Liga (als Spieler): 424 Spiele (44 Tore) für FC Bayern München (1965–1977) und Hamburger SV (1980–1982)
In der Liga (als Trainer): FC Bayern München (1994 und 1996)
In der Liga (als Präsident): FC Bayern München (Vizepräsident 1991–1994, Präsident 1994–2009, Ehrenpräsident seit 2009)

Nicht einmal Franz Beckenbauer kann sich recht erinnern, woher sein Spitzname »Kaiser« eigentlich stammt. Er selbst hat oft behauptet, der Name rühre von einer Fotoproduktion her anlässlich eines Freundschaftsländerspiels in Wien. Da posierte der deutsche Nationalspieler Beckenbauer in Schwarz-Weiß neben einer Büste des österreichisch-ungarischen Kaisers Franz Joseph. Eine falsche Erinnerung, durchaus typisch für Beckenbauer, den der »Spiegel« auch wegen des Hangs zu solcher Unschärfe mal als »Firlefranz« bezeichnet hat.

Den »Kaiser« hat sich Beckenbauer tatsächlich während des Endspiels um den DFB-Pokal gegen Schalke 04 im Jahre 1969 erworben. Eine Woche zuvor waren die Bayern erstmals Deutscher Meister geworden, im Cupfinal foulte Beckenbauer dann »Stan« Libuda, den »König von Westfalen«, Schalkes Fans drehten durch. Und was tat Beckenbauer? Er ging in jene Ecke des Stadions, aus der die Schmährufe am deutlichsten zu vernehmen waren, stellte sich dort auf und jonglierte den Ball selbstbewusst-gelassen mit Kopf und Fuß. Kaiserlich. Da wurde es ruhig im Rund des Frankfurter Waldstadions – und die Bayern gewannen den Pokal und damit das Double.

Es hat in Deutschland bis heute zwei außergewöhnliche Fußballer gegeben: Gerd Müller und Franz Beckenbauer. Doch während der eine nur seine Tore sprechen lassen konnte und kein öffentliches Leben wollte, verfügte Beckenbauer über ein schier unerschöpfliches Repertoire und genoss es, Schaltzentrale zu sein. Er war ein ausgezeichneter Techniker, ein glänzender Regisseur, und später war er ein außerordentlich erfolgreicher Trainer, wenngleich ohne die dafür nötige Lizenz. Beckenbauer war 1974 Weltmeister (als Spieler), 1990 Weltmeister (als Teamchef) und 2006 weltmeisterlich als Cheforganisator der WM im eigenen Land. Seine Verträge als Fußballer, Trainer und als Franz Beckenbauer bescherten ihm ein geschätztes Vermögen im mittleren zweistelligen Millionen-Euro-Bereich.

Wäre Franz Beckenbauer eine Comicfigur, dann wäre er wohl am ehesten Gustav Gans – jener unerhörte Glücksritter und Vetter des stets scheiternden Donald Duck. Gans wäre im *ZDF-Sportstudio* an der Torwand auch ein Treffer gelungen, bei dem er den Ball vom Rand eines vollen Weißbierglases einlochte. Oder anders gesagt: Beckenbauer könnte sich als Kanzler zur Bundestagswahl stellen, sodass – unabhängig von der Partei, für die er dies täte – er mit überwältigender Mehrheit ins Amt gewählt werden würde. Der Grünen-Politiker Daniel Cohn-Bendit hat einmal vorgeschlagen, Deutschland in »Franzland« umzubenennen.

Eine Karriere gesegnet von Glück, Talent und unverwüstlicher Beliebtheit.

Eines seiner größten Machtspiele hat der gelegentlich zu cholerischen Anwandlungen neigende Beckenbauer 1974 gewonnen, wenn auch nur gegen den damaligen Bundestrainer Helmut Schön. Bei der Weltmeisterschaft im eigenen Land hatten die deutschen

Im Spiel des Franz Beckenbauer paarten sich Eleganz und Zielstrebigkeit. Das fast arrogant wirkende Passspiel mit dem Außenrist war eines der Markenzeichen des »Kaisers«.

Bestaunt, umjubelt und stets belagert: Während seiner aktiven Karriere sammelte Franz Beckenbauer zahlreiche Titel. Mit Bayern München gewann er vier Meisterschaften und Pokale und dreimal den Europapokal der Landesmeister, als Kapitän der Nationalmannschaft stemmte er die Pokale der Europa- und Weltmeisterschaft in die Höhe, und selbst in der einen Saison beim HSV wurde er Deutscher Meister.

Nach der Niederlage gegen die DDR bestimmt Beckenbauer Spielsystem und Aufstellung der DFB-Elf bei der WM 1974.

Gastgeber (BRD) gegen ihre deutschen Gäste (DDR) verloren. Zwar war man trotz der Niederlage weiter im Turnier, aber die Sache war schon sehr unangenehm. Also übernahm Kapitän Beckenbauer kurzerhand das Kommando bei der Nationalmannschaft, wobei nach außen hin weiter fleißig kolportiert wurde, dass der gebürtige Sachse Schön das Sagen habe. Wie und in welcher Besetzung das Team fortan bis zum Titel spielte, das entschied Beckenbauer.

Der Sohn eines Oberpostsekretärs aus München-Giesing und gelernte Versicherungskaufmann wusste die ihn umgebenden Strukturen bestens für seine Zwecke auszunutzen: ob er »Katsche« Schwarzenbeck auf dem Platz die sogenannte Drecksarbeit machen ließ oder in seiner Zeit als Präsident bei Bayern München den Manager Uli Hoeneß die »Abteilung Attacke« besorgen ließ oder ob er Deutschland die Fußball-WM 2006 besorgte.

Als im Juli 2000 die Wahl des Austragungsortes durch den FIFA-Vorstand fiel, hatten deutsche Unternehmen kurz zuvor Milliardeninvestitionen in Thailand und Südkorea bekannt gegeben und der Bundessicherheitsrat Waffenlieferungen nach Saudi-Arabien bewilligt – das auch, um die FIFA-Stimmberechtigten aus diesen Nationen der deutschen Sache gegenüber wohlzustimmen. Den Rest regelte dann Beckenbauer unmittelbar vor dem Entscheid im Tagungshotel. »Was in der Nacht vor der Wahl geschehen ist«, hat sein Kompagnon Fedor Radman einmal gesagt und gelächelt, »wird niemand erfahren.«

Der selbstbewusste Blick in die Kamera: Beckenbauer konnte seine Werbewirksamkeit schon früh gekonnt vermarkten.

Register

Fotos auf dem Buchtitel:
Getty Images, Imago (7), Kaiser, Picture Alliance, Witters (2),

Fotos im Buch:
Firo: 45 (r.), 58, 62 (l.), 90
Getty Images: 12, 22, 42, 44 (l.), 45 (l.), 89, 92 (l.), 113
Horstmüller: 25, 27, 37, 46 (2), 47 (r.), 48, 57, 61, 75, 76 (l.), 99, 109, 121, 122 (2), 124, 130 (r.), 131 (l.), 138, 146, 151
Imago: 14 (l.), 14 (r.), 15 (l.), 15 (r.), 16, 19, 21, 23, 31, 32, 33, 34 (r.), 35 (l.), 35 (r.), 41, 44 (r.), 47 (l.), 50, 51, 53, 55, 59, 62 (r.), 63 (2), 65, 68, 70, 71, 76 (r.), 78, 83, 85, 91, 92 (r.), 93 (2), 94, 97, 101, 103, 104, 106 (2), 107 (2), 108, 110, 114, 123 (2), 126, 133, 137, 142, 143, 145, 149, 158 (l.), 158 (u. r.), 159
Kaiser: 155
Kunz: 17
Picture-Alliance: 7, 11, 130 (l.), 156
Perenyi: 72, 115
Pixathlon: 29
Rauchensteiner: 141
Rzepka: 5, 118
Witters: 34 (l.), 38, 67, 77 (l.), 77 (r.), 79, 80, 86, 95, 117, 125, 128, 131 (r.), 134, 152, 153, 158 (o. r.)

Bibliografische Information der Deutschen Nationalbibliothek
Die Deutsche Nationalbibliothek verzeichnet diese Publikation in der Deutschen Nationalbibliografie; detaillierte bibliografische Daten sind im Internet über http://dnb.dnb.de abrufbar.

1. Auflage
ISBN 978-3-667-10290-4

Idee, Konzept und Text: Thomas Lötz
Bildredaktion: Reinaldo Coddou H.
Redaktionsschluss: 30.05.2015

Lektorat: omnibooks, Bielefeld / Niko Schmidt
Umschlaggestaltung und Layout: Jörg Weusthoff / Weusthoff Noël, Hamburg
Lithografie: scanlitho.teams, Bielefeld
Druck: Firmengruppe APPL – aprinta druck, Wemding
Printed in Germany 2015

Delius Klasing Verlag, Siekerwall 21, D - 33602 Bielefeld
Tel.: 0521/559-0, Fax: 0521/559-115
E-Mail: info@delius-klasing.de
www.delius-klasing.de